ARNIS KALI ESKRIMA

CAHIERS TECHNIQUES VOL. 1

Progression Par Modules De la Découverte à la Ceinture Noire

DANI FAYNOT

Tout Droit Réservés © Daniel FAYNOT
ISBN : 9798397017336

Tous droits réservés. Aucune partie de cet ouvrage, texte, illustration ou photographies ne peut être utilisée, reproduite, traduite dans aucun langage ou utilisé sous aucune forme, électronique ou mécanique et dans n'importe quel contexte ou support ; photocopie, réseaux sociaux, enregistrement ou par aucune autre forme d'enregistrement d'information ou de récupération des informations et des données, sans la permission explicite écrite de l'auteur.

Arnis Doblete Rapilon™ est une marque déposée de même que le **Logo** et l'acronyme **WADR**™. L'utilisation séparée d'éléments de la marque, par exemple Doblete Rapilon est sujette à la même législation. Tout droit réservé ® Daniel Faynot.

Clause de non-responsabilité

Les techniques présentées dans cet ouvrage, le sont à titre informatif et uniquement dans le cadre de l'étude des Arts Martiaux dans un contexte éducatif et/ou ludique et sous la supervision d'un enseignant ou éducateur compétent et diplômé ayant acquis l'expérience nécessaire pour encadrer ce type de pratique sans mettre en danger les pratiquants. Un contrôle parfait de son arme et de ses émotions ainsi que la connaissance de l'anatomie humaine est nécessaire pour garantir des conditions de sécurité suffisantes pour l'étude de ses techniques. L'auteur de cet ouvrage ainsi que les organisations qu'il représente ou pour lesquelles il travaille, ainsi que toute personne associée, se dégagent de toute responsabilité dans l'hypothèse d'une utilisation à d'autres fins que l'étude des arts martiaux sous leur forme pacifique et ludique et/ou culturelle en tant que pratique de loisir et dans un cadre sécurisé. Toute utilisation des informations présentées en dehors de ce cadre ludique se trouve ainsi sous la responsabilité des individus et/ou des organisations qui décideraient de détourner cette information de son cadre d'utilisation initial. Toute personne ou organisation qui déciderait d'utiliser ou de détourner de leur objectif initial les informations présentées dans cet ouvrage le ferait de son propre chef et sous sa propre responsabilité et ne peut en aucun cas reporter cette responsabilité sur l'auteur ou les organisations qu'il représente ou pour lesquelles il travaille, ni les personnes auxquels il est associé.

DÉDICACE

Cet ouvrage est un cocktail de toutes les influences dont j'ai pu bénéficier dans mes recherches sur la pratique et l'enseignement des Arts Martiaux. C'est donc à mes maîtres et à mes professeurs que revient tout le crédit.

À mon Sensei Christian Lefebvre qui m'a aidé à forger mon âme de combattant dans le chaos de la pratique, le respect des codes du Budo et une amitié inconditionnelle. À Shifu Najib Bouchiba, pour m'avoir ouvert la perspective de la voie de la souplesse et des énergies subtiles.

À mon Maître du Budo, Roland Hernaez Shihan pour la profondeur de votre enseignement et à George Hernaez Shihan pour ton support, ta gentillesse et ton énergie. À Mochizuki Minoru O'Sensei, qui m'a accueilli avec tant de bienveillance chez lui et offert sans compter ses conseils en ouvrant de nouvelles portes d'exploration dans le Budo.

À mon Maître d'Armes, Grand Master José G. Mena, qui a tant partagé avec moi sans retenue et qui m'a ouvert la caverne d'Ali Baba de L'Arnis.

À mes compagnons des Arts Martiaux qui me poussent à aller plus loin et dont j'apprends à chaque rencontre : Philippe Avril, Philippe Galais, Gregoire Grés, Jean-david Zitoun, Francois Guerrieri et Lionel Froidure. Et à mon chat Pretzel dont les techniques de chasse sont un modèle incomparable d'efficacité à tenter d'imiter.

GM Dani FAYNOT

Dani FAYNOT est un élève direct du Great Grand Master José Ména, une des légendes des Arts de Combat Philippins avec qui Dani a étudié d'une manière traditionnelle, c'est-à-dire de maître à élève, plusieurs fois par semaine, de 1999 à 2005.

Il a reçu des mains de son maître le Titre de Punong Guro (Master Instructeur) et le plus haut grade de l'école, CN 10e Degré en Arnis Doblete Rapilon. Il est un des très rares non-philippins à être reconnu comme un représentant d'un système traditionnel philippin majeur par les maîtres philippins, aux Philippines.

Dani a commencé la pratique des Arts martiaux en 1968. Il est aussi CN 7e Dan de Nihon Tai-Jitsu (FFKDA) et 7e Dan de Nihon Ju-Jitsu, avec le titre d'Expert Renshi de la Fédération Mondiale de NTJ et diplômé du Seibukan de Kyoto au Japon. Depuis 1990, Dani étudie plusieurs arts martiaux avec des maîtres d'exception, dans leur pays d'origine : Japon, Taiwan, Chine et les Philippines.

Préparateur Physique et Entraineur Niveau 2 de la World Rugby, Master Instructeur de plongée sous-marine ; Dani intègre dans son enseignements des éléments issus de nombreux domaines du sport qui complètent et accélèrent la progression des pratiquants.

Dani est le chef de file de la World Arnis Doblete Rapilon, dont la mission est de conserver et partager l'héritage martial et culturel de son maître.

PRÉFACE	1
PROLOGUE	1
INTRODUCTION	3
LIVRE 1	**5**
LE POINT DE DÉPART	7
LES CHEMINS D'APPRENTISSAGE	25
APPRENDRE À APPRENDRE	43
LES FORMES DE PRATIQUES	53
MODULES DE COMPÉTENCES	63
LA PROGRESSION	79
LIVRE 2	**89**
LA PHASE DE DÉCOUVERTE	91
Progression C. BLANCHE	93
Progression C. JAUNE	113
Progression C. ORANGE	139
LA PHASE DE TRANSITION	167
Progression C. VERTE	169
Programme C. BLEUE	199
LA PHASE D'INTÉGRATION	215
Progression C. MARRON	217
Préparation C. NOIRE W.A.D.R	247
EN GUISE DE CONCLUSION	253

Roland HERNAEZ Shihan

9e DAN HANSHI Nihon Tai-Jitsu - Seibukan Kyoto Japan
9e DAN FFK
Professeur Diplômé d'Etat 2ème Degré en Judo Ju-Jitsu - Karate et Aïkido.

Élève et assistant de KAWAISHI Minosuke Sensei.
Sensei HERNAEZ est aussi l'élève de plusieurs maîtres d'exceptions : Henry PLÉ, Jim ALCHEIK, MOCHIZUKI Minoru, MOCHIZUKI Hiro.

PRÉFACE

C'est avec un réel plaisir que je préface le nouvel ouvrage de Dani Faynot "Cahiers Techniques Arnis Kali Eskrima".

Dani que je connais depuis de nombreuses années fait partie de mes grands amis, sa passion pour les arts martiaux, sa soif de découvrir et d'apporter aux autres son savoir, font de lui un vrai maître dans tout le sens du terme.

Doué physiquement et intellectuellement, chercheur et perfectionniste infatigable, il nous fait découvrir un art martial passionnant, fruit de nombreuses années d'étude en particulier aux Philippines. Il a su capter la technique et l'esprit de cet autre Budo devenu discipline officielle de la Fédération mondiale de Nihon Tai Jitsu / Jujutsu et disciplines associées.

Expert et pédagogue de haut niveau, il a su dans cet ouvrage exprimer les qualités techniques de son art ainsi que son aspect traditionnel qui font découvrir au lecteur les subtilités de l'Arnis et ses relations avec le Budo Traditionnel.

La création de modules apporte une facilité de compréhension au cours de l'apprentissage, les photos illustrent parfaitement le texte, entouré d'élèves et de pratiquants haut gradés, Dani permet ainsi la découverte d'un art martial passionnant.

Avec mes sincères félicitations et l'expression de ma grande amitié.

Roland Hernaez
Président des collèges des ceintures noires FM.NI.TAI

Ayant bu des mers entières, nous restons tout étonnés que nos lèvres soient encore aussi sèches que des plages, et toujours cherchons la mer pour les y tremper sans voir que nos lèvres sont les plages et que nous sommes la mer.

Attâr,

Poète Mystique Persan (XII & XIII Siècle)

La leçon d'Arnis au coucher du soleil.
G.Master Dani & Master Lionel Froidure. Philippines 2007

Le légendaire Great Grand Master José G. Mena (1917 ~ 2005)
Mena Style & Doblete Rapilon
Founder of Tondo Arnis Club

PROLOGUE

Lorsque nous parlons des grands maîtres des Arts Martiaux, beaucoup gardent l'image de vieux messieurs au physique dynamique mais fragile.

Il est intéressant de noter une similitude physique entre le fondateur de L'Aïkido, Ueshiba O'Sensei et Grand Master Mena. Tous les deux de petite taille mais avec, dans la force de l'âge, une capacité physique et musculaire détonante.

Nous sommes loin de l'image de vieillards fins et délicats ; ce sont des combattants bâtis comme des Pit-bulls qui propulsent leur qualité technique sur une rampe de lancement basée sur la force explosive, une capacité de jaillissement et une forte résistance à la douleur et aux émotions. Dans mes maîtres du Budo, je voudrais citer Sensei Roland Hernaez, Shihan de l'école Nihon Tai-Jitsu qui lui aussi, a toujours conservé et exploité un équilibre parfait entre le corps, la technique et l'esprit.

Cette dimension physique est une donnée fondamentale à intégrer car c'est la base de notre progression. Les arts de combat sont des modalités de transformation par le mouvement. Pour cela, la dimension physique reste un facteur prépondérant qui ne doit jamais être mis de côté, quel que soit l'âge du pratiquant. Un autre point commun entre ces maîtres est l'efficacité de combat comme révélateur de la justesse de leur technique et principes de combat.

Arnis Summer Camp - WADR

Expliquer les Concepts et les Principes puis laisser faire.

INTRODUCTION

Ce cahier technique s'adresse aussi bien au maître qu'à l'apprenti. C'est un outil pour donner plus de visibilité et des étapes de progression aussi bien pour un élève de l'école Doblete Rapilon que pour des pratiquants d'autres systèmes d'Arnis Kali Eskrima. Les techniques présentées ne sont en aucun cas à suivre au pied de la lettre. Ce sont des exemples d'applications adéquation avec les différentes phases de progression que le pratiquant dé-couvre à chaque moment d'apprentissage. À chacun d'adapter en fonction de nos affinités et des thèmes que nous voulons explorer.

La polyvalence et l'efficacité des systèmes de combat des Philippines sont construites sur l'enseignement de concepts de combat, de principes d'application cohérents et de techniques compatibles entre elles. La fluidité de l'Arnis trouve son origine dans le flot et l'utilisation de la main libre pour relier les phases de combat.

La spécificité du système Arnis Doblete Rapilon ou « Doblete Rapilon Mena Style » vient des concepts stratégiques uniques de ce système, de la profondeur des racines et de la façon dont nous pratiquons et enseignons notre art de combat. Ce cahier technique n'est cependant pas conçu uniquement pour les étudiants du Doblete Rapilon mais pour tout(e) pratiquant(e) désirant élargir sa connaissance des systèmes d'Arnis Kali Eskrima et pour des pratiquants(e)s du Budo curieux d'approfondir la pratique des armes et/ou du combat à mains nues contre armes blanches.

LIVRE 1

CONCEPTS D'APPRENTISSAGE

Pour profiter au maximum de ce cahier de travail il est crucial de prendre le temps de comprendre la démarche traditionnelle du process d'initiation. Nous retrouvons cette approche dans de nombreux arts martiaux anciens. J'ai été formé de cette façon mais j'ai dû découvrir cette logique/dynamique par moi-même.

Pour cette raison, il me semblait intéressant d'apporter des perspectives de compréhension et de réflexion pour accélérer la progression sans écarter la recherche personnelle qui est un processus incontournable.

Arnis en pays Ifugao - Cordillera (Nord de Luzon, Philippines)

LE POINT DE DÉPART

Lorsqu'il enseignait l'Arnis, GM Mena faisait preuve d'une grande adaptabilité. En plus d'une connaissance « encyclopédique » des arts martiaux philippins et de toutes les écoles majeures, GM Ména avait une grande connaissance du vieux Judo, le Ju-Jitsu du début du XXe siècle et une bonne connaissance de la boxe anglaise. Nous retrouvons cette ouverture dans sa façon de pratiquer et de partager.

Le travail des armes nécessite une stabilité émotionnelle importante ; tout « débordement » pouvant avoir des conséquences graves dès lors que l'on a une arme entre les mains. Ainsi, l'apprentissage des différentes armes suit une logique basée sur la recherche de la sécurité. On commence par le double bâton et le bâton simple, puis le travail au couteau non coupant, avant de passer à des lames vivantes. La pratique libre des armes tranchantes ne débute réellement qu'après plusieurs années qui auront permis la maîtrise corporelle, technique, émotionnelle et spirituelle pour emmener la pratique vers une modalité de transformation.

Le Doblete Rapilon est un style qui puise sa force dans la tradition philippine du combat avec des machettes et des épées. Ce contexte de combat a influencé le développement de techniques et de stratégies qui se veulent efficaces et pragmatiques avant tout.

4 ARCHÉTYPES DE COMBAT

Il existe autant de styles d'Arnis que de villages, de Guro (professeurs), de maîtres d'armes ou de Grand Maître. Une façon de classifier les différents styles d'Arnis consiste à se poser 3 questions : **Quel est l'objectif du combat ? Quel est le but fondamental de cette pratique ? Quelle est la nature des techniques ?**

Pour savoir si le style que vous étudiez appartient à tel ou tel type d'Arnis il suffit, souvent, de considérer la provenance du style et l'histoire personnelle du maître qui l'a développé, mais aussi la nature des techniques utilisées ; puis essayer et le mettre à l'épreuve face à d'autres systèmes. La proclamation d'efficacité n'est pas suffisante pour valider sa réalité. *L'habit ne fait pas le moine*, mais il valide fortement la représentation que les autres en ont.

Pratique « jugado » sur la plage à Boracay, Philippines

- Simple & efficace
- Stratégie claire
- Apprentissage rapide
- Minimum de techniques
- Maximum de dégâts
- Minimum de risques
- Protocole
- Règles d'engagement

- Efficace avant tout
- Complexe
- Difficile à Lire
- Adaptable (Principes)
- Variété technique
- Enchaînements spéciaux
- Prise de risque
- Expertise

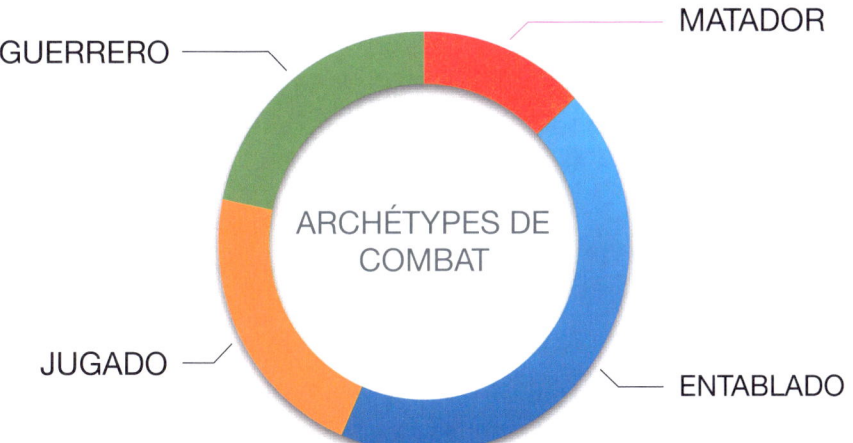

- Dynamique - Rapide - Explosif
- Forte Physicalité
- Peu de blocage
- Changements de Rythmes Fréquents
- Efficacité dans les règles
- Minimum de technique
- Prise de risque
- Aucune conséquence

- Esthétique visuelle
- Rapide dans une cadence
- Grande variété
- Nombreuses techniques
- Fun & Situation de succès
- Nombreux blocages
- Positions marquées

LES FORMES DE LOISIR

ARNIS ENTABLADO ; **Arnis d'exhibition,** de démonstration. De manière à "impressionner son audience", l'Arnisadore exagère les mouvements et intègre souvent des formes plus acrobatiques que réalistes. C'est une forme qui prend son origine dans les « spectacles de combat » que nous retrouvons dans toutes les cultures qui ont souffert d'une répression coloniale. Les techniques sont déguisées pour éviter la censure du pouvoir colonial. Avec le temps, certains systèmes intègrent d'autres formes et techniques en oubliant qu'il s'agit de mouvements de démonstration, sans le « venin » des formes combatives. La grande majorité des styles enseignés en occident sont issus de cette catégorie, même si parfois l'expression visuelle et le narratif projette une image guerrière.

ARNIS JUGADO ; **Arnis du joueur**. L'Arnis du Sport et des tournois. C'est une forme tardive aux Philippines où l'art du combat est resté un art de la rue pour les besoins de la rue ou de la jungle. Son origine remonte aux duels et aux combats à la solde. De nos jours, nous sommes dans la joute sportive amicale. Les combattants utilisent soit des bâtons en mousse avec des armures légères, soit de vrais bâtons avec des protections plus lourdes (type *Kendo*). Les mouvements sont simples, rapides mais manquent de réalisme en combat réel. En raison d'un système de points, les blocages sont moins développés car les attaques sont sans conséquences. Nous pouvons imaginer que cette forme va se développer dans le futur, rajoutant un axe sportif et éducatif qui permettra le développement des FMA. Cette forme n'est cependant pas transposable au combat réel ou à la self-défense.

LES FORMES COMBATIVES

ARNIS GUERRERO ; **Arnis du Guerrier**. La caste des Guerriers de la période pré-hispanique avait développé un art du combat raffiné, intégré aux structures sociales. Après l'abolition de cette Caste des Guerriers par le pouvoir colonial espagnol (et pour cause), l'Arnis dégénère en un entraînement pour combattant plus qu'un art du guerrier. Les techniques sont simplifiées mais comparables à celles de l'Arnis Matador ; c'est le but et l'approche qui sont différents. L'Arnis Guerrero intégrait aussi l'art de la lance (*Sibat* ou *Bangou*) et du bouclier, la médecine (*Hilot*) ainsi que la tactique et l'art des batailles. Cette forme est adaptée aux situations de police et au cadre militaire mais aussi à la self-défense en ajustant le choix des techniques au cadre légal.

ARNIS MATADOR ; Littéralement " **Arnis du Tueur** ". Ce type est autrement plus incisif. Les mouvements sont très réalistes, économiques, simples ou complexes mais terriblement efficaces. Dans l'Arnis Matador, les erreurs ont des conséquences graves et parfois mortelles donc les blocages et les esquives jouent un rôle crucial. Aux Philippines, dans les provinces notamment, ces formes de combat restent prédominantes auprès des vieux maîtres. Malheureusement les systèmes d'*Arnis Matador* ont tendance à disparaître ou à se transformer faute de pratiquants et surtout d'instructeurs. Ce sont des systèmes plus exigeants qui demandent un investissement plus intense et un apprentissage plus long. Une forme historiquement combative peut graduellement ou brutalement perdre son efficacité et son réalisme lorsque l'objectif change.

(-) Règles & **(+)** Danger

| SURVIE | DUEL | | MILITAIRE | POLICE | SECURITE | SELF-DEFENSE | VOIE MARTIALE | LOISIR | SPORTIF | COMPETITION |

Efficace & Complexe   Efficace & Simple   Maîtrise   Plaisir   Physicalité

ART MARTIAL

Échange Technique : SGM Franck Sobrino et Sensei Philippe Galais

LA VOIE MARTIALE

La notion d'*Art Martial* peut être comprise de nombreuses manières et c'est à chaque pratiquant d'en définir le cadre par lui-même. De mon point de vue, l'Art Martial est une modalité de progression de la conscience individuelle et sociale. Dans le cadre de la pratique de l'Arnis Kali Eskrima, cette notion doit être replacée dans son cadre culturel qui est différent du *Budo Japonais* qui est lui-même différent de la voie martiale de la *Canne Francaise* ou de la *Capoeira*. Nous retrouvons cependant les mêmes ingrédients de développement individuel par la maîtrise du combat.

L'**étude** de l'art martial est une pratique qui peut se suffire à elle-même ; dans ce cas, c'est une recherche de maîtrise et d'excellence.
Les **applications** de la pratique martiale se déclinent en fonction des situations de combat spécifiques : Self-Défense, Police, survie…
La pratique dans une optique de **loisir** ne me semble pas correspondre aux exigences de la voie martiale, qui demande parfois de passer par des étapes difficiles aussi bien physiquement, psychologiquement que mentalement. La démarche martiale est "sérieusement fun" et demande un investissement dans le temps.

La pratique des FMA pour le sport n'a aucun sens dans une optique de "voie des arts martiaux". Nous allons par contre pratiquer de nombreux sports et activités physiques afin de compléter nos compétences physiques et mentales en parallèle au service de la maîtrise de l'art martial. La pratique en tournoi est un jeu sportif qui sort totalement de la perspective martiale. Cependant c'est une expérience sympa pour des jeunes pratiquants, à condition de ne pas se perdre dans l'illusion du miroir.

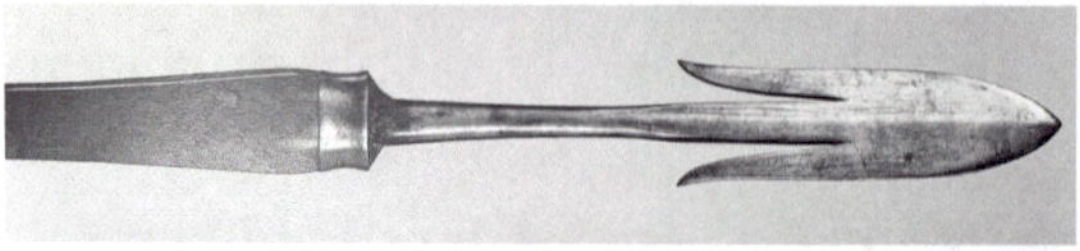

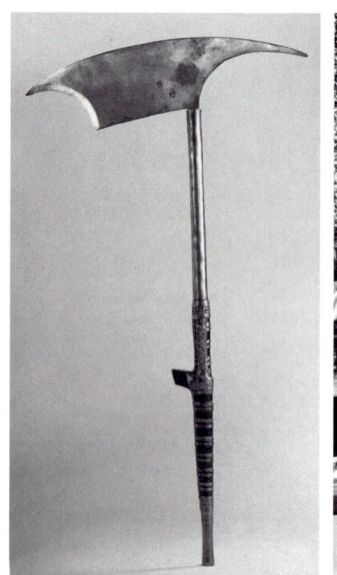

NON-VIOLENCE & FMA

La notion de **non-violence** est souvent associée d'un point de vue moral avec les Arts martiaux. Ce cadre moral va être fortement déterminé par le cadre culturel, nos convictions philosophiques ou religieuses. L'étude des Arts martiaux permet de développer un équilibre émotionnel qui favorise une approche non-violente au quotidien mais la nature de notre pratique est physiquement violente.

En Asie, la non-violence consiste avant tout à ne pas agresser les autres et à éviter le combat lorsque c'est possible. Dans le combat, cela consiste à faire tout son possible pour éviter de tuer un adversaire ou de limiter sa vie à venir en lui infligeant des blessures irréparables. Dans cette optique, casser un poignet pour désarmer l'adversaire et arrêter le combat ou mettre un adversaire "hors combat" par un étranglement est un acte de non-violence.

Le choix d'un combat "non-violent" est une prise de risque car l'agresseur ne suit pas forcément les mêmes règles. Pour gérer un combat il faut obligatoirement être très au-dessus de son agresseur d'un point de vue physique, technique et émotionnel. Dans certaines situations cette option n'est pas raisonnable. De plus le niveau de notre adversaire est une donnée inconnue et incontrôlable.

Avec des armes, ils évident que les conséquences potentielles sont beaucoup plus "violentes" et irréparables. Une attention toute particulière doit être faite pour replacer la pratique dans le cadre du code de conduite et de comportement de la tradition des Arts Martiaux, tout en gardant notre efficacité de combat si nécessaire. Nous sommes toujours sur le fil du rasoir car le débat est ouvert sur l'intention de violence ou les conséquences.

LE SYSTÈME DOBLETE RAPILON

Le **Doblete Rapilon** est le **style familial** de la famille du **Grand Master José MENA** qui faisait partie de ces quelques grandes figures des arts martiaux Philippins qui ont contribué à la reconnaissance à travers le monde de la grande efficacité des styles Philippins dans le maniement et le combat avec armes. Nous devons la forme moderne de ce style au papa de *GM José Mena*, le ***Professeur Patricio Mena***.

Descendant d'une lignée de Maitres d'armes Philippins, **Grand Master José MENA** avait eu l'occasion de mettre en pratique ses connaissances dans des combats à mort, des situations de guérilla, des duels sans règles aussi bien à la machette qu'à la cane de combat.

Ce style de confrontations a fortement contribué à l'orientation du système créé par Grand Master José Mena, à savoir une recherche systématique d'efficacité, sans fioritures, avec la nécessité d'un engagement total dans le but d'annihiler l'adversaire le plus rapidement possible. Toutes les techniques fantaisistes sont écartées au profit de concepts et de principes de combat applicables avec un taux de réussite élevé lors d'un combat réel.

Ainsi, l'objectif premier du Doblete Rapilon (DR) est de pouvoir toucher sans se faire toucher, et ce en adoptant une stratégie de combat qui consiste à déborder son adversaire en enchaînant des attaques sur des angles différents, avec une recherche systématique de vitesse et de puissance pour que chacun des coups portés puisse être décisif. Dans cette dynamique, il n'y a pas de séparation entre attaque et défense et le flot du combat prend le dessus.

1a - GM Mena's opponent prepares to deliver strike # 1.

1b - GM Mena demonstrates the counter for strike # 1.

L'HÉRITAGE DU DOBLETE RAPILON

C'est dans les années 1950 que Master José Ména décide d'ouvrir le premier club d'Arnis à Manille ; le **Black Eagle de Tondo**. Il se trouve dans l'obligation de créer un système de progression permettant de mieux appréhender les spécificités de son style. Celui-ci se décomposait en 52 étapes, avec un apprentissage plus ou moins progressif en fonction de l'élève.

Avant d'aborder l'enseignement du style familial « *Doblete Rapilon Mena Style* », GM Mena enseignait les autres styles d'Arnis les plus communs aux Philippines. L'enseignement du Doblete Rapilon était en vérité réservé aux élèves avancés. L'enseignement de la totalité du système étant uniquement partagé avec la famille, le clan et quelques élèves de confiance. À sa mort, GM Mena n'avait accordé le grade ultime de 10e Degré de son école qu'à cinq élèves, plus ses fils bien entendu.

GM Mena avait mis en place un système de grade allant jusqu'au 10e degré après la ceinture noire, mais il faut reconnaître que cette progression manquait de structure, ce qui la rendait difficilement applicable dans un environnement autre que celui des Philippines.

Après avoir reçu par Grand Master Mena le grade de 10e Degré et le titre de Master Instructeur en Arnis Doblete Rapilon, je lui propose de travailler sur la rationalisation de la méthode d'apprentissage du Doblete Rapilon, dans le but de faciliter le développement de ce système en dehors des frontières Philippines.

Mon objectif était de pouvoir conserver toutes les spécificités du système et de protéger cet héritage après la disparition du maître. Je me suis pour cela grandement inspiré des leçons prises auprès de GM Mena en tant qu'élève direct pendant plusieurs années tout en incorporant mes expériences dans les autres Arts martiaux et en *dehors des arts martiaux** en ce qui concerne notamment la pédagogie.

Je présentais alors ce programme à GM Mena ; après relecture et prise en compte de ses remarques, il approuva définitivement le contenu au cours de l'année 2002.

Ce programme est un outil pour faciliter l'apprentissage. J'espère qu'il permettra à de nouveaux instructeurs, mais aussi aux professeurs plus expérimentés, de mieux organiser la progression de leurs élèves et ainsi obtenir de meilleurs résultats. Il revient aux élèves directs de GM Mena d'utiliser quelques idées de ce programme, ou bien de choisir leur propre progression.

L'important étant de garder intact les concepts fondamentaux et les principes des FMA en général et du style Doblete Rapilon dans notre propre groupe de pratique. Les techniques d'apprentissage utilisées doivent demeurer un choix personnel de chaque professeur, en fonction à la fois de l'objectif poursuivi, mais également du niveau respectif et relatif de l'instructeur et de l'élève.

* Dani est instructeur diplômé de la Fédération Francaise de Karaté et Federation Mondiale de NTJ, Instructeur en Nihon Tai-Jitsu, Nihon Ju-Jitsu, et d'Arts Martiaux Chinois mais aussi Master Instructeur de Plongée, Préparateur Physique et Entraîneur Niveau 2 de la World Rugby.

L'APPRENTISSAGE DU DOBLETE RAPILON

L'apprentissage des systèmes traditionnels Philippins est souvent assez similaire car il existe un tronc commun de concepts de combat et de principes. La progression de l'Arnis Doblete Rapilon (DR) débute par une revue de l'ensemble des concepts des arts martiaux Philippins tels que le travail sur des angles d'attaque, le flot ou les déplacements. L'élève de DR apprend aussi les rudiments des autres systèmes majeurs afin de pouvoir reconnaître les stratégies et être à l'aise dans les distances privilégiées des autres systèmes.

Ces étapes préliminaires font partie d'une préparation technique et physique pour pouvoir aborder les spécificités du système Doblete Rapilon lui-même. Cette pratique plus avancée est décrite par GM Mena comme un *travail d'attaques continues avec recherche systématique de blocage sur les poignets, déplacements dans toutes les directions ou utilisation de « bottes » de combat uniques* ; testées de nombreuses fois en combat réel.

Parfois la simplicité visuelle des techniques employées peut surprendre mais attention à ne pas se laisser berner par cette apparente simplicité. Avant d'atteindre un niveau de maîtrise suffisant permettant de « placer » ces techniques de manière instinctive au cours d'un combat, il y a un travail de longue haleine à effectuer avec patience et conviction. L'arnisador va devoir développer le coup d'œil et l'art du déplacement, ainsi que la force mentale. Nous allons apprendre à dompter nos armes, à leur faire confiance, à maîtriser nos émotions.

CREUSER LE SILLON

Comme dans beaucoup d'arts martiaux, les premières années sont là pour *"creuser un sillon"* que chaque pratiquant va continuer d'approfondir pour se donner accès à la quintessence de l'art martial. L'étude des arts martiaux est un cycle comparable à un jeu de "Monopoly" dont allons définir les règles et le tracé au fur et à mesure de notre expérience de pratique. C'est un processus de création.

* De la première séance à la ceinture Noire, nous allons dessiner et creuser le premier sillon qui définit le diamètre et le potentiel de notre pratique. C'est la phase d'initiation.
* Du 1er au 4e Degré, nous allons élargir le sillon (cadre d'expérimentation). Chaque degré correspond à un tour du périmètre, un retour à ou un passage par la case "départ". C'est la phase d'Activation.
* Du 5e au 10e Degré, nous creusons plus profond à chaque cycle pour explorer des perspectives plus audacieuses et transférer les 3 savoirs. C'est la phase d'intégration du parcours initiatique.

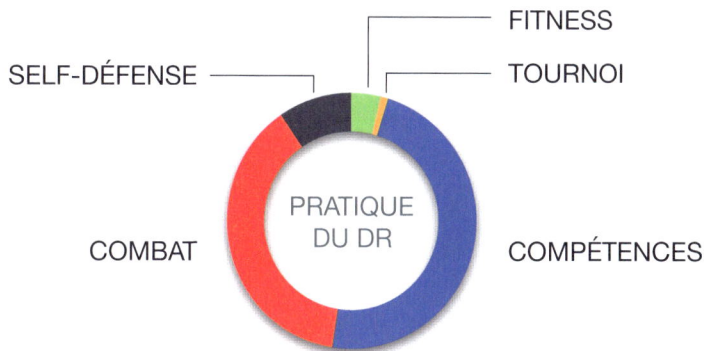

LE CADRE DE LA PRATIQUE

Le Doblete Rapilon est typiquement du type « *Arnis Matador* ». Dans des échanges avec des Grand Maitres Philippins je reçois souvent cette remarque avec un petit sourire en coin : « *Ce que tu fais toi, c'est Arte Bandido* » ; avec un clin d'œil à la mémoire de mon maître, bien entendu. En temps de paix, les systèmes combatifs se pratiquent en majorité sous leur forme « d'Art martial ». Dans ce cadre, nous retrouvons 3 composantes et 3 perspectives qui se complètent. Selon le point de vue et le contexte, un aspect peut exister dans l'une ou l'autre de ces 3 "boîtes". Ces aspects ont des implications individuelles, et collectives, sociales ou psychologiques.

SAVOIR FAIRE
MAÎTRISE DU COMBAT
& MODALITÉS DE
TRANSFORMATION

SAVOIR VIVRE
ÉNERGIE
VITALITÉ - SANTÉ
ÉMOTION
MENTAL

SAVOIR ÊTRE
SPIRITUEL
MANIFESTATION
PRISE DE
CONSCIENCE
ÉVEIL

GRADES ET CEINTURES

Le système Doblete Rapilon de GM Mena, au travers de la WADR (World Arnis Doblete Rapilon) a adopté le système de grades que nous pouvons observer dans des arts martiaux traditionnels Japonais tel que le Judo ou le Karaté. Cette **progression** facilite le **processus d'apprentissage** et permet aux systèmes Philippins de rester cohérents par rapport aux autres arts martiaux pratiqués à grande échelle tout autour du monde.

Kawaishi Minosuke Sensei, qui fut le maître de mon Sensei, *Roland Hernaez Shihan*, a été un pionnier qui a permis l'éclosion du Judo en France et en Europe. C'est lui qui fut à l'origine du concept des ceintures de couleurs au cours des années 1950. Cette idée eut un tel succès qu'elle fut reprise par la majorité des autres arts martiaux autour de la planète ; les couleurs des ceintures utilisées peuvent changer, mais l'approche reste la même.

GM Mena proposa de suivre la classification la plus communément utilisée dans le monde des arts martiaux, de manière à éviter qu'il n'existe une confusion dans l'esprit des élèves, mais également du public qui pourrait être amené à observer des pratiquants d'Arnis Doblete Rapilon. Tout le monde connaît la signification d'une ceinture noire et des ceintures de couleur. La ligne de couleur « Or » que l'on retrouve sur les ceintures utilisées en Arnis Doblete Rapilon est là pour rappeler la ceinture de GM Mena : Cela symbolise le fait que toute personne pratiquant l'Arnis possède en lui le potentiel de pouvoir devenir un jour un brillant Arnisador, voir un Grand Master.

Lever de soleil sur la Sierra madré, Province de Aurora, Philippines

LES CHEMINS D'APPRENTISSAGE

Nous avons à notre disposition de nombreuses façons d'appréhender l'apprentissage. En tant que pratiquant, chacun de nous doit identifier au plus tôt dans sa propre pratique la ou les façons les plus efficaces pour progresser. Nous avons tous des sens plus ou moins développés, que ce soit la vue, le toucher ou les sensations kinesthésiques. La culture martiale des Philippines laisse une grande liberté individuelle dans l'apprentissage. C'est un énorme avantage à condition que chaque pratiquant prenne une attitude d'apprenti actif.

Apprendre l'Arnis d'une manière traditionnelle ou classique est une démarche spécifique qui peut surprendre un pratiquant d'arts martiaux japonais ou chinois, notamment dans la liberté d'interprétation des techniques et des applications de combat.

Voici quelques pistes de recherche à explorer pour identifier quel est notre chemin naturel d'apprenti-sage. Une chose est incontournable ; l'utilisation des **Concepts de combat** *et des* **Principes d'application**. *C'est une constante des arts de combat philippins, qui placent concepts et principes avant la technique ou la mémorisation des mouvements. Certains systèmes de FMA investissent plus ou moins de temps dans un répertoire technique à certains moments de leur progression.*

CLARIFIER

Clarifier consiste à faire sortir des formes et des contours de l'ombre. C'est un jeu de lumière, donc la mise en place d'une dualité (Yin-Yang) qui permet de donner un sens et une structure. Nous allons ainsi énoncer les règles du jeu (la structure) d'une réalité que l'on peut nommer le "cadre de la pratique". Pour être efficace nous devons simplifier, parfois cataloguer et être schématique.

Le Dao dont je parle n'est pas le Dao. Je vais quand même essayer de l'éclairer d'une manière imparfaite car nous avons besoin de nous baser sur une réalité et des images pour progresser dans notre pratique martiale et notre vie quotidienne. Je n'ai aucune intention de m'enliser dans des "discussions" théoriques puisque mon propos est de me focaliser sur la progression et l'efficacité de mes élèves. Il existe de nombreuses approches et une infinité de concepts.

Je reste centré sur une approche et une cohérence en accord avec des objectifs. Peu importe mon discours à condition que cela puisse faire progresser mon élève. Dans une démarche initiatique, qui est mon approche, je vais utiliser des stimulus pour permettre, faciliter ou provoquer un mouvement que l'on nomme une « progression ».

Nous pouvons utiliser des encouragements, des provocations dans des situations de confort ou de stress en fonction du besoin spécifique de chaque élève. Cette règle s'applique à soi-même lorsque nous prenons notre propre progression en main. La clarification permet la dualité (dimension, mesure de deux) puis la mise en mouvement dynamique.

SÉPARER PUIS CONSTRUIRE

Dans les explications, il est parfois plus utile de sortir du gris et de tracer des lignes claires entre le blanc et le noir, même si rien n'est blanc ou noir. Pour imprimer une image en couleur, nous devons « séparer les couleurs » pour créer une synthèse soustractive à partir de 3 couleurs élémentaires (Cyan, Magenta, Jaune) auxquelles on ajoute le Noir.

De la même façon, nous allons parfois « séparer les idées » pour créer des concepts (images) qui sont des outils pour agir sur la réalité. Tout cela doit être pratique et utile. Séparer consiste à déconstruire l'existant ou partir de rien et construire des blocs les plus simples possible. Par exemple, pour un pratiquant de Karate ou de Ju-jitsu de bon niveau, apprendre l'Arnis demande une déconstruction préalable.

Pour cela, il/elle doit séparer les couleurs : C'est dire identifier les positions, déplacements, techniques, principes de combats de sa pratique dans le cadre du karaté et identifier (clarifier) les couleurs de l'Arnis. Pour un débutant, la séparation des couleurs est parfois plus facile dans un premier temps, par contre il/elle doit investir du temps dans l'acquisition des éléments.

Cette séparation peut être obtenue au travers de **modules de compétences.** Certains modules vont avoir une nature technique, corporelle, stratégique ou émotionnelle. La plupart du temps une compétence inclut plusieurs aspects ; par exemple des composantes physiques, plus une maîtrise du geste et des aspects psychologiques.

LA TECHNIQUE TOUTE PUISSANTE

Dans la *pop culture*, les arts martiaux sont encore liés à des techniques secrètes qui donnent le pouvoir à celui qui a reçu l'enseignement d'un maître dans l'arrière-court d'un restaurant chinois. J'exagère… Juste un petit peu. Ce n'est **pas la technique qui fait la différence** mais le combattant et sa façon de pratiquer.

Certains pratiquants se focalisent parfois un peu trop sur l'acquisition de techniques ; ce qui explique pourquoi ils mettent plusieurs années pour intégrer un niveau qui ne demande que 6 mois de pratique en réalité. Cela dépend aussi des capacités du guide, du professeur ou du copain qui partage son savoir. Cette dimension est abordée dans les chapitres qui viennent, avec un découpage arbitraire dans une évolution théorique (par grade ou ceinture) ainsi qu'une proposition de progression, niveau par niveau.

La « **technique** » en elle-même n'a **aucun intérêt** et **aucune efficacité intrinsèque**. La technique en elle-même est vide de sens. C'est un arbre mort qui vit sur le souvenir de la beauté des fleurs qu'il a produit lorsqu'il était encore vivant. C'est une illusion de vie. Vous pouvez en couper une branche et l'amener avec vous, la technique est docile et accommodante. Elle met en valeur, c'est un poison d'orgueil.

Elle a un pouvoir hypnotique qui offre l'illusion du pouvoir faire au prix de la perte du savoir faire. Cette perspective est une pilule parfois difficile à avaler pour des pratiquants et/ou des enseignants qui ont investi des années dans cette direction.

APPRENDRE À PARTIR DE TECHNIQUES

Une majorité de savoir-faire sont construits par l'acquisition de « techniques de combat ». Or, apprendre des techniques est comparable à assembler les pièces d'un puzzle. C'est **long**, **inflexible**, **prévisible**. Au final, c'est toujours la même image : Un casse-tête, une image,

Par exemple une technique de défense répond à la question : Si je fais ceci qu'est-ce que tu fais ?

Dans la pratique cette approche « marche » tant que le cadre du combat reste prévisible. Contre un loup affamé, aucune chance, car le champ des possibles est trop « imprévisible », trop chaotique.

L'apprentissage technique ne peut avoir de profondeur que lorsqu'il est **intégré dans l'acquisition des principes**, en relation avec la dynamique des **concepts** et en adéquation avec les **capacités** et des **compétences** physiques, émotionnelles et énergétiques du pratiquant. Pour simplifier disons que la technique est un des éléments à intégrer dans une réalité holistique ou holographique du combat. D'un point de vue pratique cela revient à dire que nous allons placer les techniques en cohérence avec des concepts et de principes de combat spécifiques. Par contre, les techniques ne vont pas servir de modalité d'apprentissage.

CASSE-TÊTE OU LÉGO

Étudier et pratiquer à partir de principes et de concepts permet de **construire des blocs**, tous compatibles les uns avec les autres. Nous allons donc développer nos blocs de compétences comme des briques de *Légo*.

Déplacements, attaques, défenses, stratégies vont pouvoir être modelés en cohérence avec une grande **liberté** et une **adaptabilité** dans la pratique, sans perdre en efficacité. Les combinaisons possibles et la **créativité** sont littéralement **infinies**. Le pratiquant est aux commandes de sa propre pratique, de sa propre progression.

Il est possible de développer des compétences de différentes couleurs, formes et tailles à condition que tous les blocs puissent être assemblés les uns aux autres.

La clé de voûte de cette approche consiste à ne conserver que les éléments en cohérence les uns avec les autres. C'est une approche hautement qualitative et sélective.

Nous devons aller à l'encontre de *l'enfant qui est en nous* et qui veut toujours plus de jouets, toujours plus de technique. Pour cela nous pouvons porter notre attention vers l'intérieur.

APPRENDRE À PARTIR DE CONCEPTS

Ce chemin d'apprentissage passe par l'intégration de **principes** de combat, de **concepts** et de **modalités de transformation** physiques, techniques, mentales et spirituelles. Il ne s'agit pas d'intellectualiser l'apprentissage mais de clarifier les idées avec des phrases et des images, à la façon d'un idéogramme, pour une compréhension instantané et holistique de concepts non-linéaire.

Ensuite viennent les différentes phases d'expérimentation, de mise en place dans des situations de combat différentes. Concepts et principes se renforcent ou peuvent être antagonistes en fonction du degré de développement de chaque pratiquant, de la nature et du contexte du combat. Par exemple, le **concept** de la « main libre », la *main de garde* (*bantay kamay*) et de son utilisation si spécifique permet l'exploitation des **principes** de combat en distance courte. Par contre, utiliser la *main libre* dans un autre contexte peut aller à l'encontre d'autres concepts fondamentaux ou spécifiques.

Les **concepts permettent de visualiser** des équations et des chaînes de conséquences ; des causalités. Cette visualisation permet de comprendre et surtout d'élever notre niveau de conscience dans le cadre du combat. Ce que les Japonais appellent la « *voie des armes et des lettres* », le *Budo*. Les concepts expliquent et favorisent une architecture qui peut prendre des formes différentes pour des besoins différents ou simplement être le résultat d'un équilibre chaotique. Les concepts permettent d'organiser le chaos du combat, de tirer les ficelles en ralentissant le temps, de manipuler une marionnette en ayant toujours plusieurs coups d'avance ou de jouer avec son ombre, confère PP.

PRATIQUER EN SUIVANT DES PRINCIPES

Les **principes sont des facilitateurs** du mouvement et de la dynamique du combat et/ou de la stratégie. Ce sont des « *couteaux suisses* » car ils ont plusieurs faces, plusieurs usages. Les principes servent de liens entre les concepts, ils articulent les concepts entre eux, ce sont des guides et des cartes du ciel martial. Un principe est spécifique, en relation avec un contexte, une situation de combat et un paradigme à résoudre ; On peut citer les *principes de défenses à mains nues contre couteau*. Nous allons adapter notre combat en utilisant les principes en fonction de l'environnement et des forces et faiblesses du pratiquant, dans l'instant.

Il existe une infinité de combinaisons et d'interactions entre les concepts et comment utiliser les principes à bon escient. Rien n'est figé et selon le contexte, la vérité glorieuse d'un moment devient la condamnation du mouvement suivant. Il ne suffit pas de comprendre les concepts et apprendre les principes, il faut surtout maîtriser son langage martial dans le feu de l'action.

Les **concepts sont des idéogrammes**, les **principes sont des règles d'utilisation de la syntaxe**. C'est bien le pratiquant qui crée le sens de sa phrase martiale et le contenu de son message, car il s'agit pour le pratiquant plus avancé de donner un sens au mouvement, un sens à l'intention. Sans cela, tu peux te retrouver soudainement dans un vide abyssal, comme si la lumière des étoiles s'éteignait. Je ne souhaite à personne d'investir autant de temps dans la voie des armes pour découvrir qu'il a juste gâché une partie de sa vie à poursuivre sa propre image pour déboucher sur le néant.

LE CHEMIN DU CORPS

Il s'agit de se **construire un outil** pour naviguer dans ce voyage. En fonction de notre bateau, nous avons la possibilité de faire le tour du lac ou de naviguer les 7 mers. Ce travail sur soi-même est exigeant car il nous oblige à changer notre façon de vivre au quotidien et à forger de nouvelles habitudes. Les **domaines habituels** (DH) peuvent être comparés à un courant marin d'une force inextricable. Si nous nageons dans une direction opposée au courant (nos habitudes), cela demande énormément d'efforts et nous finissons par nous épuiser puis abandonner. La bonne nouvelle c'est que nous pouvons déterminer soit l'objectif, soit le courant ou les deux. La pratique développe cette capacité à gérer et accepter le changement et la remise en cause permanente.

Nous allons **renforcer nos potentialités physiques** de base : Force, vitesse, endurance, souplesse, coordination. Des capacités vont alors émerger en accord le "mental" : Capacité cardiovasculaire, capacité de déplacement, agilité, mémoire musculaire, résistance à la douleur, maîtrise de la fatigue… Bien entendu il n'existe pas d'excellence sans un capital athlétique qui permette d'exprimer la maîtrise de l'art de combat tous les âges. Dans la force de l'âge, tous les grands maîtres avec lesquels j'ai étudié : GM Mena, Mochizuki Minoru O Sensei ou Roland Hernaez Shihan, étaient des athlètes complets à tous les âges. Ils utilisent leurs capacités corporelles pour étendre leur maîtrise technique et dans un âge plus avancé sont capables de maintenir un athlétisme bien supérieur à des pratiquants 30 ans plus jeunes. Maintenir ce capital physique est indispensable pour prolonger l'étude par une pratique adaptée sans compromis et continuer à progresser.

LES 5 SENS

En occident, nous tenons plus ou moins la définition de nos 5 sens d'Aristote et il paraît évident qu'en tant que tels, et puisqu'ils sont le moyen majeur d'interaction avec le monde, ils ont une relation structurante (limitante) avec les 4 éléments fondamentaux, plus l'élément de référence cosmique qui est l'éther. Chaque "organe des sens" étant "naturellement" relié spécifiquement à l'un d'entre eux.

Ainsi on peut se hasarder à expliquer la limite de nos moyens de perception du Monde à 5 sens en raison de la réduction du Monde à sa composition élémentaire. Il est d'ailleurs courant dans la tradition européenne (depuis l'antiquité, donc) de connecter/lier chaque sens à un élément et à la forme géométrique que lui a attribué Platon avant lui.

Il s'avère d'ailleurs que la visualisation des éléments platoniques, dans leur relation aux sens, est source de réflexion dans les arts martiaux. Aristote, dans son traité « *De l'Âme* », nous dit qu'il n'existe que 5 sens humains qui sont la vue, l'ouïe, le goût, l'odorat et le toucher. Cinq uniquement, car dans sa vision du monde il n'y a que « cinq éléments » primordiaux. Donc chaque sens pour un élément et sa forme spécifique : Le Feu *(Tétraèdre)*, la Terre *(Hexaèdre)*, l'Air *(Octaèdre)*, l'Eau *(Icosaèdre)*. Cette visualisation des éléments platoniques est une source de réflexion sur l'art du combat car il s'agit de spatialité et de géométrie divine qui conditionnent les principes universels auxquels nous faisons souvent référence. Cette perspective est enseignée dans la tradition ésotérique des arts Philippins.

LES 5 ÉLÉMENTS

En Orient, nous retrouvons le nombre « 5 » pour différencier les éléments dans une version hautement dynamique. La tradition du **Rig-Véda** (Connaissance Royale) retient 4 éléments le *Feu* (Agni), la **Terre** (Prithvi), l'*Air* (Vayu), l'**Eau** (Jal) et un élément qui active et relie les autres : l'*Espace/Ether* (Akash). Les éléments interagissent les uns avec les autres pour donner 3 formes d'énergies *(Dosha)*.

Dans la tradition Chinoise du **Dao De Jing**, nous retrouvons le Wu Xing ; 5 éléments et 2 mouvements d'énergie dans une dynamique de création (construction) et une dynamique de destruction ou de « déconstruction ». Cette représentation et conception du fonctionnement de l'univers ont fortement influencé les fondations de tous les arts de combat en Asie.

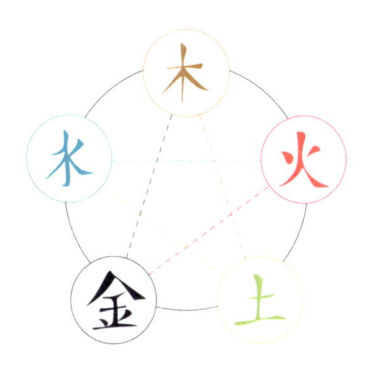

AIGUISER LES 5 SENS ET AU-DELÀ

Dans notre pratique quotidienne nous allons puiser dans nos 5 sens fondamentaux pour utiliser toutes les perspectives possibles, puis étendre notre réceptivité à notre intuition pour activer des sens plus subtils. Il s'agit d'**aiguiser chaque sens** avec une approche spécifique en ciblant chaque récepteur puis les re-lier dans une dynamique holistique de façon que l'ensemble de nos sens participent à une somme plus élevée que l'addition de chacun. Ce n'est cependant que le début de la réflexion et de l'observation. Il existe d'autres dimensions, d'autres perspectives. Nous restons parfois comme prisonniers de notre expérience d'une réalité en 3 dimensions alors que les traditions spirituelles et la physique nous parlent de 11 ou 12 dimensions, plus peut-être ?

Les arts martiaux sans spiritualité et sans méta-physique (*science au-delà de la nature*) c'est comme du *hard-rock* sans guitare, ni batterie. Les arts Philippins sont inconcevables sans la partie ésotérique et sans inclure une lecture intuitive puis surnaturelle ou plutôt "super-naturelle", puisque ce sont en fin de compte, des attribut humains naturels. Il est fondamental de garder à l'esprit que le but des pratiques ésotériques des arts martiaux n'est pas l'efficacité des techniques de combat. Il s'agit d'utiliser la pratique des arts de combat comme une modalité de transformation de l'individu pour sa vie en dehors.

LE CHEMIN DU VISUEL

L'observation visuelle est une **modalité d'apprentissage** des techniques qui permet une compréhension immédiate du **mouvement** et des **principes** dans leur **globalité**. C'est une modalité qui capte l'information d'une manière **non-linéaire**, comme un idéogramme qui contient plus que le mot. C'est la voie idéale de l'apprentissage pour celui qui utilise la mémoire visuelle en priorité.

La **visualisation** est une modalité fondamentale pour construire notre expertise sans prendre le risque de l'erreur, donc en maximisant la dynamique du succès. Dans de nombreux sports, nous pouvons tirer avantage de cette forme d'expérience qui pour notre cerveau est aussi réelle que l'expérience physique d'une technique. Le cerveau ne fait pas la différence.

Le visuel est aussi le **siège des illusions** qui peut prendre la forme de l'intimidation, de la feinte, de la prise d'attention ; comme un illusionniste qui attire notre attention d'un côté pour manipuler notre intention et placer sa technique.

Pendant le combat, la reconnaissance de signes précurseurs permet de « *ralentir le temps* » tel qu'il est perçu dans le combat et de prévoir les attaques. Ayant beaucoup travaillé avec des vieux maîtres, j'ai toujours été époustouflé par la qualité de lecture, d'anticipation, le timing mais aussi par la capacité à *courber le temps* en imprimant une *qualité* de temps différente. L'adversaire tombe dans une expérience de la durée et de la vitesse du temps qui est contrôlée par un maître capable de capturer l'esprit (*dikap diwa*).

LE CHEMIN DU TOUCHER

Le *toucher* et l'acuité de nos mains sont des **repères tactiles** dans le chaos de la confrontation : La communication tactile est indispensable lorsqu'on arrive en corps-à-corps car ce sens prend le relais de la vue pour lire les mouvements de l'adversaire avant qu'ils ne se produisent mais aussi pour ouvrir des portes et fermer les angles, faire dérailler les attaques, absorber ou enfoncer, relaxer ou durcir à bon escient.

Je parle souvent de **qualité de main** pour expliquer les subtilités des défenses et pour passer d'un blocage à une absorption *(un amorti) en* évitant de donner un appui à l'adversaire. Nous allons porter notre attention sur cette qualité de main dès le début de l'apprentissage en observant l'effet des chocs sur nos cannes de combat ainsi que le point d'impact moyen sur les blocages.

L'utilisation de la *main libre* dans tous les systèmes d'Arnis, Kali et Eskrima est un exemple parfait de l'utilisation de notre sens tactile. Cette main libre va avoir plusieurs fonctions :

- Renforcer notre proprioception - Attention à ne pas en devenir dépendant avec des « checks » impulsifs inutiles.
- Contrôler l'orientation du bras de l'adversaire après un blocage/parade.
- Fermer ou ouvrir un angle pour appliquer une technique ou influencer l'adversaire dans sa technique suivante.
- Ressentir l'énergie de son adversaire ou imprimer notre propre énergie.
- Suivre et contrôler une transition, dévier ou orienter.

LE CHEMIN DES SENSATIONS PHYSIQUES

C'est un apprentissage et une pratique **kinesthésique** de l'art martial ; la voie royale pour celui qui est capable de la suivre. Cela dépend des capacités que nous avons développées depuis notre enfance au travers de nos activités physiques, des jeux de l'enfance : Grimper aux arbres, sauter, tomber, rouler, ramper, se relever…

Dans tous les cas de figure, tous les pratiquants utilisent cette intégration du mouvement et des techniques par les sensations pour se constituer des **mémoires corporelles**. La différence se fait dans le degré de dépendance à ce mode d'appréhension du réel. Cette illusion peut être captée ou domptée dans l'instant pour être conservée dans la *courbure du temps* (la perception alternative d'une durée).

La *kinesthésie* permet de capter le mouvement de son propre corps dans la dynamique du mouvement global du combat et de se positionner en conséquence en laissant le corps répondre : C'est la fonction « *pilot automatique* » qui s'accorde parfaitement avec une intuition libérée.

La **proprioception** permet de localiser les parties de notre propre corps les yeux fermés et travailler en symbiose avec la kinesthésie. À ne pas négliger, car le combat est multidirectionnel et multidimensionnel. L'habitude de certains arnisadores à *checker* leur propre corps entre les actions ou les mouvements (taper sur ses cuisses ou sur son torse ou son bras) est un besoin intuitif de re-calibrer cette proprioception ; dans le combat cela devient un mot en trop et un geste parasite à éviter. C'est aussi une information inconsciente pour notre adversaire qui montre notre besoin de réassurance, donc notre manque de confiance.

L'équilibrioception ou sens de l'équilibre est fondamental dans la pratique martiale car nous sommes en permanence dans la **gestion du déséquilibre**. Un mouvement maîtrisé est une gestion dynamique du déséquilibre. Il s'agit d'un sens particulier car ses récepteurs sont spécifiques et doivent être travaillés d'une manière ciblée puis en coordination avec les autres sens.

Il est crucial de connaître le fonctionnement et les principes d'action de chaque sens pour pouvoir les faire progresser parfois consciemment avant de passer à une application intuitive. La plupart des arts martiaux intègrent une approche et des modalités pour développer nos sens et nos capacités physiques, mentales, émotionnelles.

NUANCES & PERSPECTIVES

Il existe de nombreuses composantes qui ne peuvent pas être cataloguées exclusivement dans un domaine et elles se superposent. Toutes nos capacités contiennent des ingrédients multiples, en quantité et qualité variables. Par exemple la *capacité de résistance à la douleur* va puiser dans le domaine physique, émotionnel, mental et parfois spirituel tout en étant fortement conditionnée par la mémoire et les références culturelles.

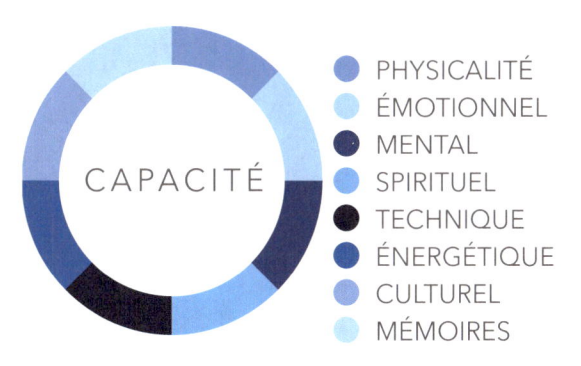

CAPACITÉ
- PHYSICALITÉ
- ÉMOTIONNEL
- MENTAL
- SPIRITUEL
- TECHNIQUE
- ÉNERGÉTIQUE
- CULTUREL
- MÉMOIRES

Chaque compétence se construit sur en osmose avec des capacités complémentaires ou conditionnelles.

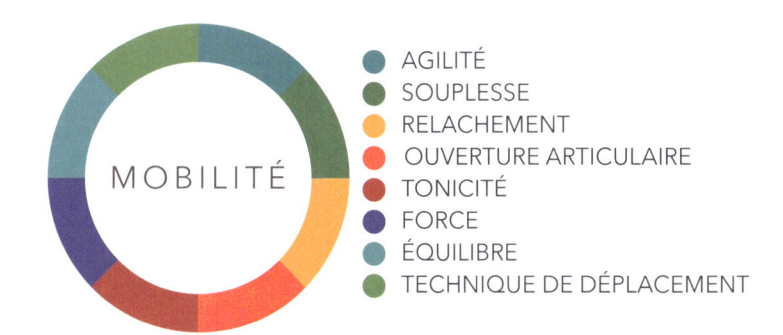

MOBILITÉ
- AGILITÉ
- SOUPLESSE
- RELACHEMENT
- OUVERTURE ARTICULAIRE
- TONICITÉ
- FORCE
- ÉQUILIBRE
- TECHNIQUE DE DÉPLACEMENT

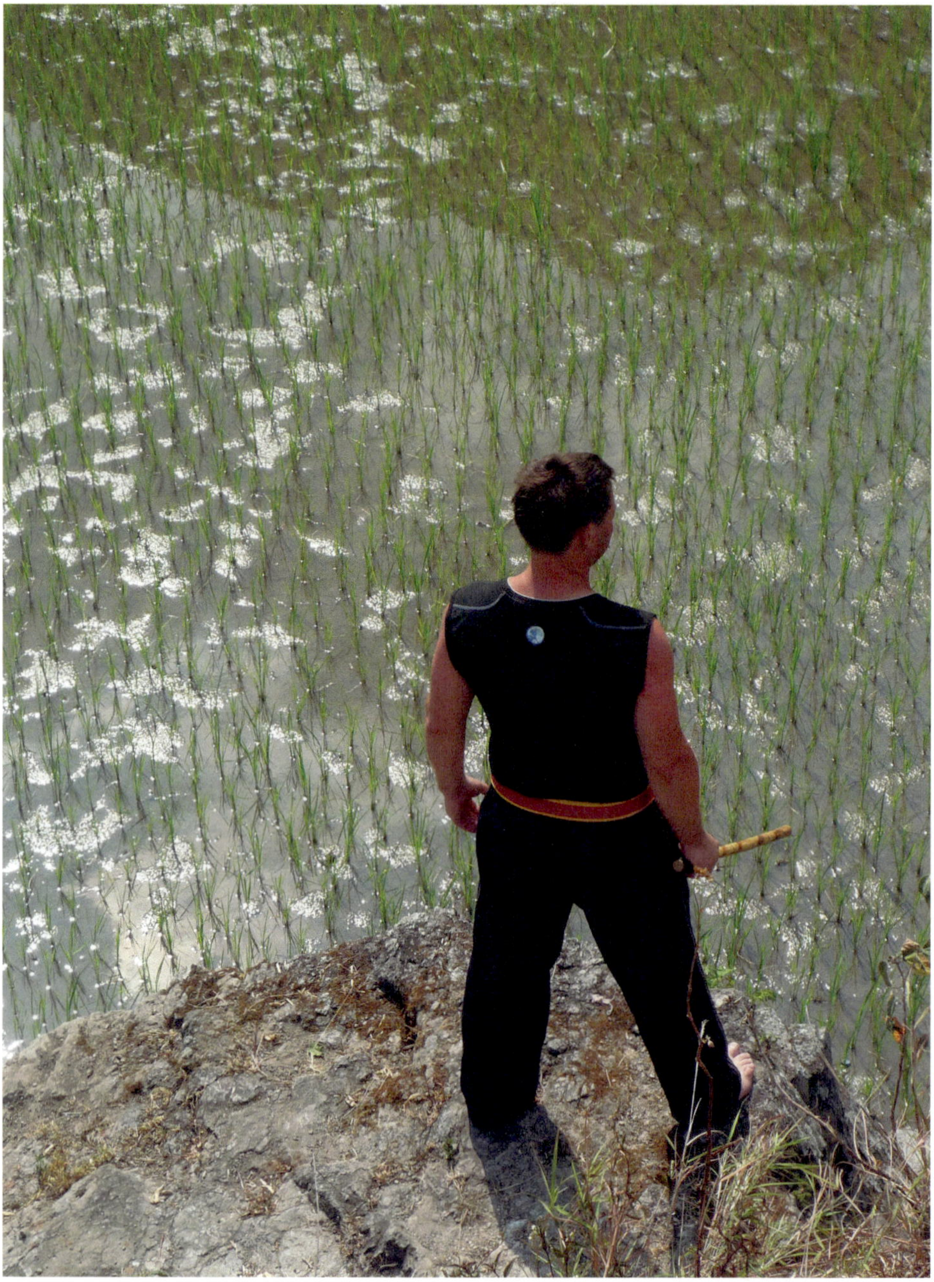

APPRENDRE À APPRENDRE

Vider notre tasse de thé avant de la remplir.

Avant de se jeter dans l'apprentissage de gestes sans contenu, nous allons prendre le temps de nous mettre en condition pour apprendre efficacement. Débouler dans un cours et ouvrir la bouche pour avaler l'enseignement est une approche stérile. Chaque apprenti doit devenir acteur de son processus d'apprentissage, de sa progression puis de sa transformation.

Les traditions asiatiques, polynésiennes, méso-américaines savent depuis longtemps que nous devons sublimer notre potentiel en alignant les énergies (QI, Ki, Prana) des différents centres énergétiques ou chakra (pour reprendre un concept qui est bien connu dans les arts martiaux). La science de notre siècle commence juste à « découvrir » que nous avons aussi un système neurologique dans notre cœur et dans nos intestins. Les neurones dans le cœur et les intestins « pensent et pansent » d'une manière autonome mais peuvent être accordés avec les 3 cerveaux "classiques" que sont pour simplifier : Le néocortex, le système limbique et le reptilien.

Le guitariste Carlos Santana parle d'aligner, dans un accord majeur, la pensée, le cœur, nos tripes, notre esprit et notre âme. Dans la recherche martiale nous alignons le corps, la technique et l'esprit par le mouvement.

APPRENDRE VS COMPRENDRE

Nous allons chercher le bon équilibre entre l'**apprentissage** qui est une modalité d'intégration d'un savoir-faire et la **compréhension** qui est une modalité de **décryptage** du sens de nos actions.

On ne peut pas progresser dans les arts martiaux en donnant une priorité à la démarche de compréhension qui est essentiellement sous le contrôle de notre cerveau « gauche » qui gère l'information sur des schémas linéaires et logiques. Nous ne pouvons pas apprendre, ni enseigner les arts de combat avec notre intellect. Cette voie d'apprentissage doit être limitée à son strict minimum. C'est une voie sécurisée mais lente et qui minimise les capacités intuitives.

Le combat demande de l'intuition et de l'agilité ; Une adaptabilité maximum, beaucoup de spontanéité et de créativité. La pratique martiale crée un lien entre le cerveau et le cœur par les émotions.

Nous allons comprendre puis apprendre avec notre corps. Nous pouvons avoir une **compréhension** ou une **appréhension émotionnelle** qui permet d'ancrer la compréhension d'une technique. La même situation peut avoir un effet contraire lorsque nous nous figeons dans une crainte de la douleur. Parfois l'apprentissage vient avant la compréhension lorsque l'intuition est activée.

Si nous pouvons **apprendre à comprendre,** "**comprendre à apprendre**" ne semble pas avoir de sens. Cette flexibilité dans les modalités d'apprentissage est primordiale car elle conditionne la vitesse et la profondeur d'acquisition. À chacun de choisir son approche.

MÉMOIRES CORPORELLES

C'est un apprentissage au travers des **sensations corporelles**, des **mémoires corporelles**, des ressentis physiques. Il s'agit d'expérimenter et de se laisser guider par nos sens tactiles et kinesthésiques. Nous allons développer des réflexes musculaires, des schémas d'appropriation du mouvement en minimisant les ingérences intellectuelles.

Ce n'est pas toujours facile lorsque la majorité de l'enseignement de notre professeur est verbale et théorique. Dans ce cas, nous pouvons aider notre professeur en expliquant notre modalité principale d'acquisition… Ou changer de professeur.

L'acquisition de mémoires kinesthésiques est une modalité à gérer consciemment et systématiquement en se donnant des thèmes et des modules d'apprentissage à intégrer uniquement de cette façon. Pour renforcer l'apprentissage par le corps, nous allons utiliser notre mémoire visuelle avec une observation globale du mouvement et traduire puis transférer l'image en visualisant des sensations plutôt que des images. Cette approche est particulièrement efficace pour des personnes naturellement intuitives qui utilisent en majorité l'hémisphère droit de leur cerveau ; le siège des images.

Dans notre apprentissage il est crucial d'identifier notre **modalité principale d'acquisition** des informations et d'utiliser notre sens principal en priorité. Si vous êtes un intuitif visuel, éviter d'écouter les explications du professeur ; fermez les oreilles et contentez-vous de visualiser le mouvement.

5 EXEMPLES D'ACQUISITION

Il est évident que l'intuition est un accélérateur et un multiplicateur de nos capacités de combat. Notre intuition est plus ou moins développée en fonction de notre éducation et de l'environnement culturel de notre enfance. Elle peut éventuellement être bridée vers la fin de l'enfance et le passage à la puberté. Néanmoins, la lecture et la compréhension intuitive sont aussi naturelles pour les humains que pour les autres espèces animales. L'intuition c'est comme "savoir nager". Il suffit de garder de l'air dans ses poumons pour flotter et remuer les pieds et/ou les bras pour "nager". La pensée occidentale a été tellement bridée par la pensée rationnelle que certaines personnes ont besoin d'apprendre à respirer et à courir.

La première étape consiste à développer ou plutôt libérer notre intuition car apprendre et combattre sans utiliser son intuition est peine perdue. Chacun de nous peut identifier son/ses sens premiers et mettre en place un protocole d'apprentissage personnalisé.

- Visuel : Ne pas écouter les explications, visualiser le mouvement.
- Cognitif : Traduire le mouvement dans une phrase et visualiser.
- Auditif : Fermer les yeux, écouter les mots et le son des mouvements, rythme des déplacements en visualisation.
- Tactile : Mimer le mouvement sur soi-même lors de la démonstration puis rapidement comprendre en faisant.
- Kinesthésique : Suivre et mimer le mouvement dans l'espace pendant la démonstration et surtout ne pas écouter les commentaires avant de faire le mouvement pour la première fois.

❖

APPRENDRE AVEC SON COEUR

C'est l'**apprentissage par les émotions** et les **souvenirs d'émotions** dans un contexte spécifique qui permet d'ancrer notre expérience du combat. C'est un **lieu dangereux** car c'est la première chose qu'un guerrier sorcier va attaquer. Dans la tradition des Philippines, il existe de nombreux sortilèges et des amulettes (*anting-anting*) sous forme de tatouages ou d'objets sacralisés pour déplacer le combat dans cette dimension. Le but étant de se protéger mais aussi d'accéder à une compréhension plus profonde de l'art du combat et d'acquérir des capacités *sur-humaines*.

En Asie, cette dimension n'est pas perçue comme du *folklore* mais comme un savoir ésotérique, parfois occulte, qui permet d'utiliser une partie des capacités que l'humanité a perdue dans les "vapeurs du *Quetzalcoatl*" comme expliqué dans la tradition *Maya* du *Popol Vuh*. Nous ne pouvons pas intégrer cette réalité avec une approche logique et rationnelle ou intellectuelle. Pour beaucoup, cela signifie nager à contre-courant, à l'encontre de « l'éducation » que nous avons « reçu ». Cette éducation imposée à l'enfant place des garde-fous sous forme de négativisme et de scepticisme. Pour appréhender cette dimension de l'art martial, nous devons faire preuve de curiosité et nous mettre sur le chemin de l'éveil ou nous réveiller. Un peu comme Néo dans *La Matrice*. L'idée c'est encore une fois de relier les *chakra*s entre eux d'une manière consciente et pratiquer encore et encore sans jamais douter. Observer, sentir, ressentir et sentir à nouveau. L'activation du chakra du cœur est un travail à la fois émotionnel et énergétique qui permet d'intérioriser ce concept puis de transférer cette modalité sur les autres plans énergétiques.

APPRENDRE AVEC SES TRIPES

Nous avons à notre disposition une modalité similaire qui est l'**apprentissage viscéral**. Apprendre et **pratiquer avec ses tripes**.

Et oui, notre langage garde des traces d'un savoir préservé dans nos traditions et nos origines. Nous allons utiliser nos instincts viscéraux et primaires. En nous appuyant sur les mécanismes de notre instinct de survie, nous avons à notre disposition un puits d'énergie.

Il est important d'activer le cœur en premier pour ne pas se perdre dans une tornade d'émotions, mais être capable de puiser dans nos sensations et nos émotions viscérales en restant à la limite extrême de notre pouvoir de destruction. L'image à utiliser, c'est *Shiva* ; le destructeur et créateur des mondes. Pour cela, encore une fois, nous allons aligner les neurones du cerveau avec le cœur et le ventre (*le Hara* pour les Japonais).

Ancrer l'apprentissage dans notre « ventre », le *hara* dans le Budo, le *Tantian,* nous permet d'activer une dynamique physique, énergétique et émotionnelle qui va notamment faciliter l'activation du mouvement libre et du flot dans le combat en support d'une intuition libre. Même si ce niveau est souvent étudié après plusieurs années de pratique, il est parfaitement raisonnable de commencer à explorer ces perspectives énergétiques dès le début de l'apprentissage.

Le pratiquant lui-même, doit décider de placer, ou non, cette perspective dans ses objectifs personnels d'apprentissage puis questionner son professeur sur cet enseignement et les exercices à mettre en place. Cette pratique est essentiellement réalisée en dehors des cours.

PRATIQUER - S'ENTRAINER - S'ENTRAIDER

La **pratique** en solitaire est nécessaire mais elle doit être complétée par la **pratique contre et avec des adversaires de qualité**. Remettre l'ouvrage sur le métier, le feu, le marteau et l'enclume encore et encore sous tous les angles possibles. S'**entraîner** consiste à pousser nos limites mais c'est aussi la dynamique d'un groupe de pratiquants qui se poussent mutuellement à aller plus loin ensemble. C'est un pacte de sang, de larmes et de pleurs dans la joie de la pratique. S'**entraider** permet de continuer à aimer ce que tu fais, apprécier ce que les autres pratiquants font.

Donner et partager dans la pratique martiale permet de dépasser son ego et de créer des liens et des comportements sociaux positifs. C'est la voie des armes qui donne un sens à la pratique martiale. La maîtrise de l'art de combat n'a de valeur que dans l'accomplissement de l'individu dans la société qui lui donne vie.

Une pratique efficace demande un esprit de coopération sans complaisance, une amitié inconditionnelle entre les pratiquants. Le fondateur du Judo *Kano Jigoro O'Sensei* disait « ***entraide et prospérité mutuelle*** », *dont voici les mots.*

> *La politesse, C'est respecter autrui*
> *Le courage, C'est faire ce qui est juste*
> *La sincérité, C'est s'exprimer sans déguiser sa pensée*
> *L'honneur, C'est être fidèle à la parole donnée*
> *La modestie, C'est parler de soi-même sans orgueil*
> *Le respect, Sans respect aucune confiance ne peut naître*
> *Le contrôle de soi, C'est savoir taire sa colère*
> *L'amitié, C'est le plus pur des sentiments humains.*

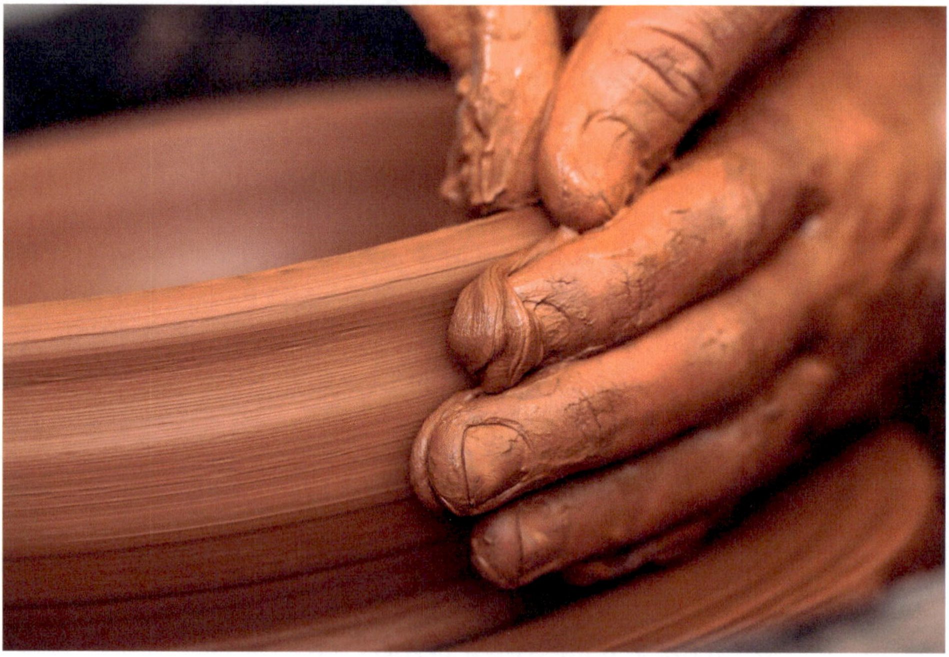

CORRIGER - NETTOYER - COMPRENDRE

Cent fois sur le métier tu remettras ton ouvrage.
… Oui et non.

La recette pour progresser vite consiste à ne faire QUE les bons gestes et surtout **éviter** d'accumuler de **mauvaises habitudes**. Pour **effacer** une **mauvaise habitude** il faut refaire le bon mouvement 100 fois ou plus. C'est pour cela que la profondeur du savoir faire d'un maître est fondamentale afin de garantir un enseignement de qualité. Les premières séances vont déterminer notre trajectoire, puis les premiers mois…

Pour sécuriser une bonne trajectoire, il suffit de **travailler en accord** et en **cohérence** avec les lois de la nature, en accord avec les principes universels, avec les concepts cohérents et les principes compatibles. Il faut prendre le temps de construire des briques de lego compatibles avant de commencer à vouloir les assembler.

Lorsque nous recevons une nouvelle technique ou un principe et que nous sommes capables de les mettre en pratique avec succès, nous allons **immédiatement re-transmettre** cette information à quelqu'un pour ancrer cette nouvelle information sous forme de concept et de principes directeurs. Nous allons ainsi construire des bases solides et **apprendre en expliquant** ; car cela nous oblige à reformuler, simplifier puis aller à l'essentiel. C'est aussi la meilleure façon d'identifier une incohérence ou un trou dans notre compréhension. Ensuite, nous pouvons commencer à pratiquer pour polir le mouvement jusqu'à la maîtrise et forger ainsi notre savoir-faire.

Partager le chemin du Budo au quotidien.

LES FORMES DE PRATIQUES

Ce soir, entraînement !

Je suis toujours un peu mal à l'aise lorsqu'on me parle d'entraînement pour les arts martiaux. Je vais à des entraînements de Rugby, je vais simplement plonger ou surfer.

Lorsqu'il s'agit des arts martiaux, je vais « travailler » ou « pratiquer ». Il existe plusieurs formes de pratiques des arts philippins et des Budo en général.

Chaque approche a certainement ses bénéfices à condition d'identifier ce que l'on fait et pour quel objectif. Nous devons clairement identifier les différentes formes de pratiques et d'apprentissages pour éviter de se retrouver à « conduire une voiture » dans un manège tournant, en imaginant conduire une voiture de rallye. Pour cela, il faut accepter de regarder la réalité en face sans complaisance, que nous soyons élève ou professeur.

L'environnement et le cadre physique du lieu de pratique influencent fortement le résultat. Intérieur ou extérieur, des spectateurs ou non, un miroir, des sacs de frappe ou des cibles, des zones différenciées, un sol en bois, en tatami, béton ou dans l'herbe. Club municipal, dojo privé, cours privé, stage, cours par niveau, individuel ou collectif… Cela conditionne une progression spécifique.

« L'ENTRAÎNEMENT » EN CLUB

C'est le **format habituel** d'un cours sur le modèle de pratique des arts martiaux « asiatiques » ; en fait… Du judo et du karaté. Ce cours collectif permet d'intégrer n'importe qui à n'importe quel moment.

- *Échauffement de groupe qui sert de « préparation physique » bien que cela ne soit pas très efficace : 30 minutes de perdu.*
- *Travail des bases, souvent en groupe ou à deux. Répétitif et statique.*
- *Cours technique avec explications/présentations au groupe. Correction « en passant », peu propice aux progrès individuels.*
- *Application de combat - Parfois avec une orientation self-défense.*
- *Combat libre - Retour au calme - Leçon de moral ou de morale.*

En Occident, c'est la forme la plus commune, à tel point que j'ai l'impression que c'est la seule expérience que les enseignants et leurs élèves semblent rechercher. Cette approche est bénéfique pour avoir plus d'élèves ou pour créer une dynamique et des amitiés, ce qui en soit est tout à faire légitime et positif pour un "club" et le groupe. C'est avant tout une activité sociale où l'on « pratique ensemble ». Cette pratique peut rapidement devenir un ronronnement confortable sans autre motif que de se justifier lui-même.

Cette approche reste superficielle car elle ne permet pas de construire des fondations profondes, ni de développer le potentiel individuel de chaque pratiquant. Un "cours" ou un "entraînement" sont peu propices à la mise en place d'un parcours initiatique individualisé, qui est la forme traditionnelle fondamentale des arts martiaux.

ÉQUILIBRER GROUPE & INDIVIDUEL

Il suffit de **quelques adaptations** pour passer de « l'entraînement » habituel de groupe à un **format plus souple** et plus **varié** qui permet d'inclure des moments de cours communs et du **travail individualisé**.

1. Nous allons orienter l'enseignement avec un focus centré sur le pratiquant plutôt que sur le professeur grâce à des ateliers qui développent des compétences modulaires spécifiques.
2. Le cours commun va se limiter à la prise de conscience des concepts stratégiques, principes de combat et facteurs clés.
3. Les pratiquants les plus expérimentés, quels que soient leurs niveaux, vont contribuer à faire travailler les moins expérimentés, ce qui renforce leur compréhension des compétences.
4. Chaque pratiquant va prendre sa progression en main d'une manière active afin d'inclure plus de travail individualisé en cours et en dehors. Le professeur aiguille les axes de recherche.

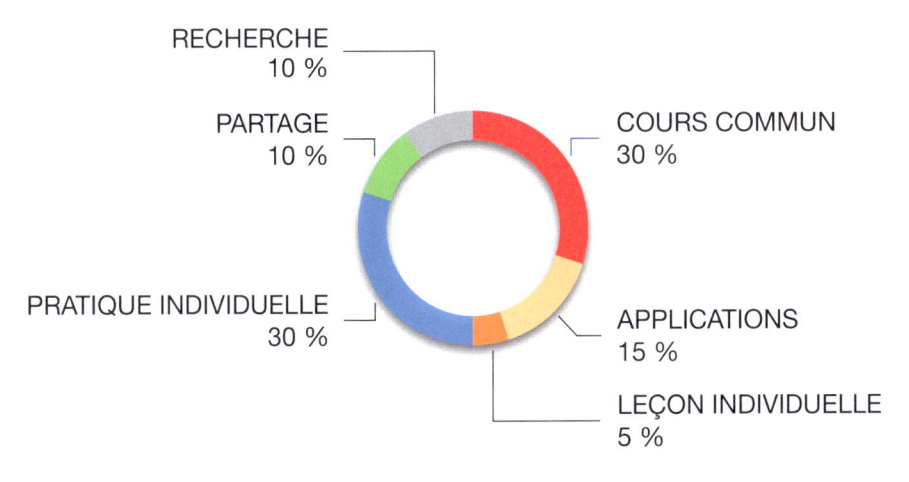

RECHERCHE 10 %
PARTAGE 10 %
COURS COMMUN 30 %
PRATIQUE INDIVIDUELLE 30 %
APPLICATIONS 15 %
LEÇON INDIVIDUELLE 5 %

UNE SESSION DE PRATIQUE DYNAMIQUE

Une session peut se construire avec des **modules** et des formes de pratiques différentes mais doit toujours avoir un **fil conducteur** ou un thème du début à la fin. L'idée directrice est de **fabriquer,** à chaque session **des briques** identifiables tout en continuant à avancer sur un objectif de progression individuel. Les modules vont ainsi pouvoir s'assembler pour construire un **combo d'expertises adaptées au projet de chaque pratiquant.**

Parce que chaque élève a son propre cheminement, chaque élève va lui-même constituer ses propres briques. L'enseignant apporte la glaise (la terre) et les outils (le métal), l'élève apporte le mouvement (l'air) et la volonté de création (le feu), la dynamique des participants permet la liaison des éléments (l'eau).

Même si l'on rassemble à certains moments tous les pratiquants pour partager un concept ou corriger une erreur commune, le **cours commun en lui-même disparaît.** Il s'efface pour donner plus de temps à la leçon individuelle et à des moments de recherche et de pratique des élèves entre eux. Avec un groupe dynamique et soudé, c'est une direction que je vous invite à suivre. Cela demande plus de **préparation** bien entendu et un **engagement** de chaque élève sur ses propres **objectifs**. Avec un groupe, nous allons individualiser la pratique en intégrant les pratiquants dans l'enseignement. Nous prendrons le temps de lister les différentes parties d'une session plus loin dans le process. Sur la durée d'une session de pratique, il est **impossible d'intégrer une préparation physique** et/ou des parties ludiques. Voici quelques éléments incontournables dans une séance ; que ce soit un cours collectif ou individuel.

LES INGRÉDIENTS NÉCESSAIRES

- Décider d'un objectif clair - Identifier les concepts en action
- Rentrer progressivement en intensité dans sa pratique
- Construire les briques qui conviennent à cet objectif
- Clarifier les principes à activer - *Adaptation individualisée*
- Mise en place de facteurs clé - *Adaptation individualisée*
- Mise en application *individualisée spécifique* en combat
- Débriefing actif - Etapes suivantes pour ancrer le travail.

Lorsque les conditions le permettent, nous pouvons accélérer la progression de chaque pratiquant mais aussi celle du professeur en changeant la proportion des différentes modalités d'apprentissage. La notion de cours collectif s'efface au profit des séances de pratique en intégrant les pratiquants dans l'enseignement des savoir-faire qu'ils maîtrisent. Le rôle du professeur se recentre sur la progression individuelle avec des corrections et des adaptations individuelles pour enrichir la pratique.

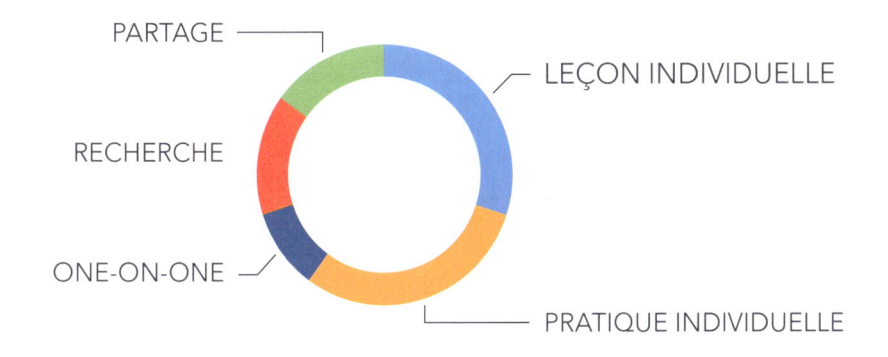

LES MODALITÉS D'APPRENTISSAGE

En Arnis Doblete Rapilon, la progression est organisée sur la base de **modules de compétences** à insérer à chaque étape. Ces compétences sont ensuite intégrées elles-mêmes dans des modules plus complexes. Le pratiquant va **prendre** le *temps de pratique* nécessaire pour augmenter sa maîtrise. Il est fondamental de bien identifier les **modules d'apprentissage** et les **modules de progression.**

La phase **d'apprentissage** elle-même consiste à **prendre conscience** d'une **information** ou d'une technique nouvelle dans le **contexte** de **son application**. Nous allons utiliser toute la palette disponible pour optimiser notre prise d'information en fonction du sujet **dans les cours** :
- La leçon individuelle
- La démonstration - Explication de Groupe
- La mise en situation pour un apprentissage spontané
- Exercices de mémorisation divers (images, sensations)
- Étude active de DVD & lectures actives

C'est **en dehors des cours** que nous allons **progresser** à condition d'investir un peu de temps et d'espace dans notre quotidien ; ne serait-ce que 20 minutes par jour.
- Les séances de pratiques individuelles & avec partenaire
- Moments de visualisation & mémorisation
- Les stages techniques - Les stages en immersion
- Séance de coaching individuel

LES MODALITÉS DE PROGRESSION

La maîtrise des techniques et des stratégies de combat n'est possible que lorsque nous avons digéré une connaissance ou un savoir-faire nouveau.

Les **modalités de mise en application** nous permettent de restituer ce savoir-faire dans des situations spécifiques.
- Mise en application technique au ralenti - Puis à vitesse réelle
- Mise en application cadrée - Puis progressivement libre
- Modules de combat encadrés - Puis libre
- Applications de self-défense encadrée - Puis libre
- Assaut cadré - Puis libre
- Joute sportive dans les règles du jeu en montant l'intensité

Les **modalités de progression** nous aident à ancrer nos progrès d'une manière active. Le nombre d'années n'a aucune valeur en soi. La différence de niveau vient de notre investissement et de la qualité de notre apprentissage. Les **progrès** dépendent de ce que l'on fait **en dehors des cours**.
- Travail physique, émotionnel et énergétique
- Intégration des concepts directeurs et principes en action
- Intégration des facteurs clés (éléments techniques facilitateurs)
- Pratique et remise en question - Mise en difficulté - Travail en dehors de sa zone de confort - Confrontations.
- Recherche - Curiosité en fonction de ses propres objectifs.

LA LEÇON

La leçon est souvent **intégrée dans une session** mais elle peut aussi être une session courte et spécifique sur un thème. Nous retrouvons ce concept dans la pratique de la boxe. Le maître prend son élève en solo et lui donne une leçon sur le ring, souvent aux *PAO* ou aux gants.

En premier lieu, il faut avoir quelque chose à donner *(le Maître d'armes)* et être préparé à recevoir *(l'apprenti)*. Une leçon est idéalement **One-on-One** donc un **enseignement individuel** ; Comme une leçon de piano. La leçon peut être collective lorsqu'il s'agit de principes de combat ou de principes stratégiques mais jamais lorsqu'il s'agit de mettre en application des principes ou une technique et corriger le pratiquant. Dans ce cas il est impératif de recevoir une **leçon individuelle**.

Une leçon peut être intégrée dans une session collective, mais elle est encore plus efficace lorsqu'elle est placée dans un contexte spécifique ; par exemple une leçon individuelle tôt le matin dans un parc, au lever de soleil. Le contexte permet de fixer nos mémoires et re-lier les différents niveaux de l'expérience dans un espace-temps que l'on peut isoler puis étendre à un autre cadre. Associer un enseignement à un lieu ou à un moment identifié permet de créer une clé d'activation.

Il est primordial de bien distinguer les différentes parties dans une session. La leçon en elle-même, ne doit pas se prolonger au-delà de 20 minutes car cet exercice demande un focus et une attention accrue de la part du maître et de l'élève. Il faut décomposer *(mâcher la substance)* puis ingérer, digérer et intégrer.

MISE EN APPLICATION

Il s'agit de donner suffisamment de **liberté** pour commencer à **construire**. Cet exercice commence **dès la première session** bien sûr. Pour **faciliter l'apprentissage** nous pouvons limiter le champ des possibles de plusieurs façons :
- Limiter la durée du combat : 10 secondes ou un assaut et stop
- Déterminer la puissance des attaques (en %)
- Déterminer la vitesse du combat (en %)
- Limiter les angles
- Équilibrer les niveaux
- Déséquilibrer les niveaux avec un rôle de mentor pour le plus avancé

Par contre, à éviter absolument :
- *Des gants et des casques… Plus des canes en mousse : Catastrophique !*
- *Plusieurs limitations en même temps : Aucun intérêt, perte de temps.*
- *Faire semblant et bâton contre bâton… Comme dans les films.*

Lorsqu'un élève commence à utiliser les termes « *pratique* » ou « *travail* », je sais que nous sommes **sur la bonne voie**. Cela signifie qu'il est entré dans un **processus d'apprentissage** ou d'*apprenti-sage*. À ce moment il y a transition d'une activité ludique/self-défense/sportive vers une prise en charge d'un objectif personnel à réaliser. L'élève devient actif et se pose les questions pour chercher des réponses. Il utilise la pratique pour aller « quelque part ». C'est l'entrée dans l'**art martial** comme voie de **progression personnelle**.

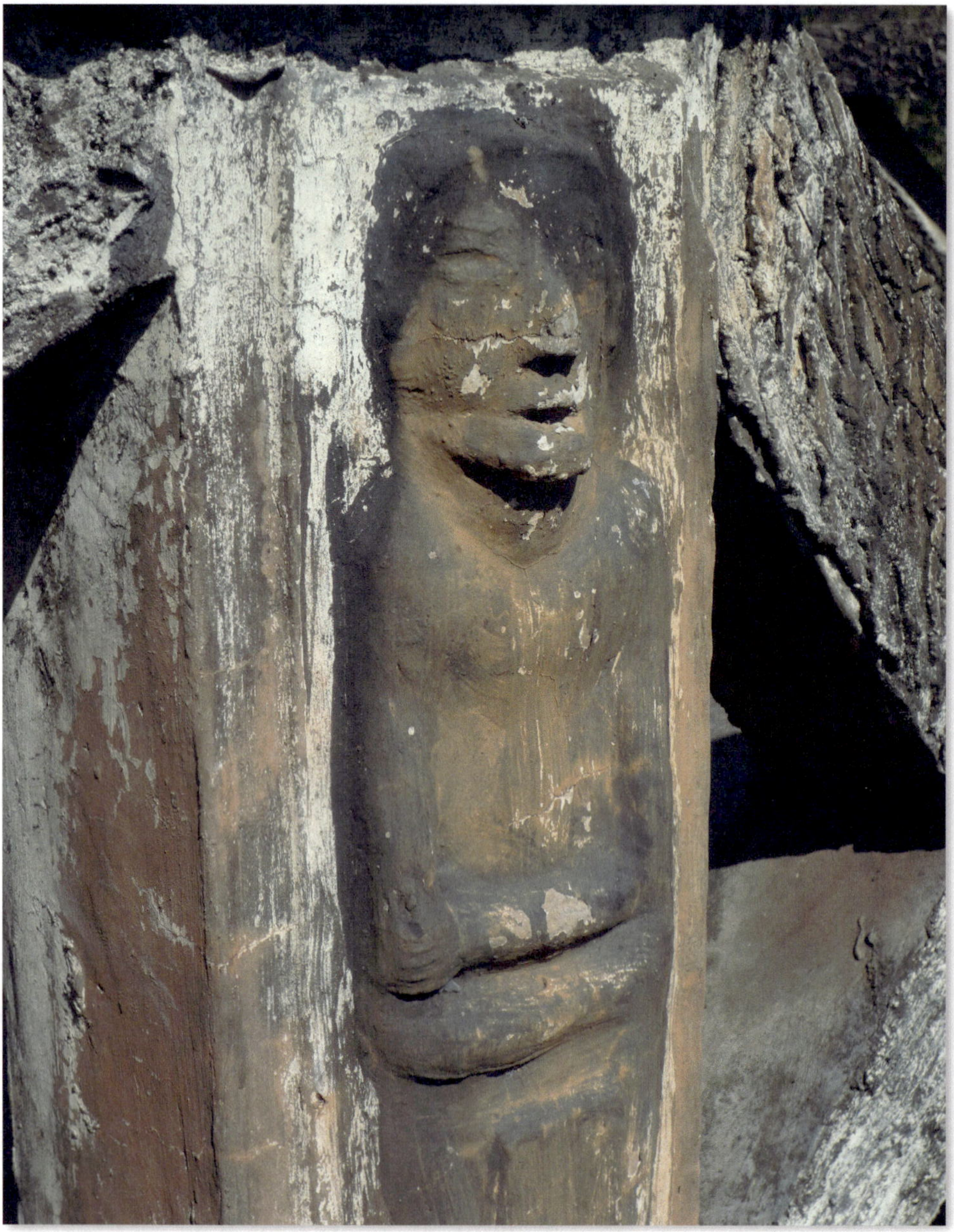

MODULES DE COMPÉTENCES

Pour favoriser la flexibilité, la versatilité et l'enseignement individuel, nous utilisons une approche par modules que nous pouvons adapter en fonction des objectifs individuels. Chaque famille de module est une perspective, un angle de vue pour appréhender une partie des possibilités infinies du combat. Nous allons ainsi développer les compétences nécessaires pour construire notre expertise ; un pas après l'autre.

Dans certains arts martiaux, on commence à faire une technique, puis deux, puis trois. Cette approche ne convient pas aux arts de combat philippins qui sont basés sur le flot et sur des principes plus que sur des techniques. Nous allons ainsi isoler des compétences grâce à la méthodologie des modules, qui permet de mettre en place une progression plus flexible pour laisser à chacun la liberté de construire ses compétences en fonction de ses objectifs et de ses besoins. Nous allons ensuite assembler les modules et valider notre cohérence de pratique par l'efficacité en combat. Les modules sont des pièces de Légo. Ils sont de différente nature mais compatibles entre eux : Parfois une compétence, parfois une situation.

☑ *Indique une compétence qui va être travaillée dans les niveaux jusqu'à la préparation à la Ceinture Noire (donc cette progression).*
☐ *Indique une compétence qui va être développée dans les niveaux supérieurs, à partir de la Ceinture Noire (Cahier Technique ADR 2).*

LA MAÎTRISE DES ARMES

Voici une progression pour intégrer les différentes armes de notre école. Il existe des armes spécifiques dans certaines régions des Philippines qui ne font pas partie de l'arsenal du DR tel que les fouets, les lances et les haches de guerre. Avant d'aborder les techniques, nous allons apprendre à maîtriser le maniement de chaque arme.

- ☑ Doble Baston (en rotin) - À travailler en premier
- ☑ Solo Baston (en rotin)
- ☑ Solo Poignard ou Couteau de combat
- ☑ Simple et Double Dulo
- ☑ Bâton Long - la forme du DR se nomme « Mimar »
- ☑ Baston y Daga
- ☐ Solo Baston - Canne courte
- ☐ Solo Baston - Canne longue
- ☐ Solo Baston - Canne lourde *(Bahe ou Kamagong)*
- ☐ Épées et Machettes : *Ginunting, Talibong, Itak, Espada, Bolo…*
- ☐ Double poignard
- ☐ Espada y Daga - Attention à utiliser des armes, pas des bâtons
- ☐ Griffes et autres armes spécifiques
- ☐ Armes du quotidien
- ☐ Bâton court et technique de proximité *(Arka)*

Si la diversité est une bonne chose, il est cependant intéressant de développer une arme de prédilection après avoir intégré les bases de chaque arme. Certaines armes sont plus ou moins adaptées à certaines techniques par exemple un *Ginunting* est parfait pour les concepts de combat du Doblete Rapilon alors qu'un *Barong* ou une autre arme lourde limitent les possibilités.

LES SITUATIONS DE COMBAT

La façon d'appréhender une situation de combat dépend du contexte. Certaines stratégies et techniques sont plus ou moins adaptées en fonction de la situation. Pour chaque contexte nous allons utiliser des principes de défense et des principes d'attaque adaptés pour une efficacité maximale. Lorsque nous définissons ces situations, nous devons adapter en fonction du bagage technique et physique de l'Arnisador. Voici quelques situations spécifiques :

Combat de rue /jungle
- ☑ Combat Traditionnel
- ☐ Combat de survie
- ☐ Protection de la famille
- ☑ Self-Défense dans un cadre légal
- ☐ Combat contre plusieurs adversaires
- ☐ Combat de groupe

Modules professionnels spécifiques :
- ☐ Sécurité
- ☐ Action de Police
- ☐ Cadre militaire
- ☐ Protection/ Garde du corps professionnel

Étant donné que le système Doblete Rapilon est clairement dans la catégorie « *Arnis Matador* », nous n'envisageons pas la pratique de l'arnis dans sa forme éducative de loisir car les principes ne sont pas compatibles. Dans ce programme, nous abordons la pratique traditionnelle et la self-défense dans (ou en dehors) du cadre légal.

Dans certains pays et/ou contextes sociaux, il existe des pratiques de "duel au premier sang" qui demandent une grande maîtrise.

MODULES DE BASE

Dans cette série de modules, nous allons identifier ce qui fait la quintessence des Arts Philippins. Nous retrouvons ces éléments dans toutes les pratiques de l'Arnis Kali Eskrima.

- ☑ Attitude et conventions de pratique
- ☑ Salut et étiquette
- ☑ Les non-positions de combat
- ☑ Les gardes d'attente
- ☑ Les Gardes de base : Sirada & Abierta
- ☑ Les mises et remises en garde
- ☑ Les changements de garde
- ☑ Les gardes alternatives Lubong sa Luba - Buha sa Arraw
- ☑ Comprendre les Angles vs Cibles vs Trajectoires d'attaque
- ☑ Comprendre les Angles de défense vs Techniques de défense
- ☑ Bantay Kamay - Utilisation de la main libre
- ☑ Intégrer le flot dans la défense et l'attaque
- ☑ Concepts de combat en Distance medio-corto
- ☑ Concepts de combat en Distance moyenne (medio)
- ☑ Concepts de combat en Distance longue (largo)
- ☑ Concepts de combat en Distance courte (corto)
- ☑ Concepts de combat en Distance mano-mano
- ☑ L'utilisation de la main en « C »
- ☑ Distance de sécurité relative en fonction des armes en présence
- ☐ Principes d'Attaque (PDA) par arme
- ☐ Principes de Défense (PDD) par arme

MODULES DYNAMIQUES

Les modules dynamiques ne sont pas spécifiques aux arts martiaux Philippins puisqu'on y retrouve les déplacements et les phases de combat. Par contre il existe une "façon de faire" spécifique aux FMA *(Filipino Martial Arts)*.

- ☑ Distance de sécurité
- ☑ Zones de sécurité
- ☑ Les déplacements et la mobilité
- ☑ Les Esquives
- ☑ Changement d'Axe
- ☑ Replacement de jambe en V
- ☑ Décalage Arrière & Décalage Avant
- ☑ Effacements & Faire le vide
- ☑ Les phases de combat : Avancée - Retraite - Prise de Position
- ☐ Les Principes de Transition Attaque-Défense
- ☑ Les Principes de Transition de distance
    - ☐ Entrée et sortie de la Zone de Sécurité
    - ☑ Changement de distance dans la séquence de combat
    - ☐ Transition dynamique dans la séquence de combat

ATTAQUES AUX BATONS

Il est crucial de commencer notre progression avec deux bâtons en main afin de travailler alternativement nos deux mains pour développer une fluidité et une certaine ambidextrie.

- ☑ 4 prises d'arme au bâton : Basse, haute, médiane, inversée *(susi)*
- ☑ Les angles, trajectoires et hauteur d'attaque
- ☑ Les cibles privilégiées au bâton
- ☑ Frappes d'entraînements (frappe avec contrôle)
- ☑ 7 Formes de frappes au bâton
    - ☑ Jab
    - ☑ Frappe en rebond (comme pour *Abaniko*)
    - ☑ Frappe lourde
    - ☑ Frappe en traversant
    - ☑ Frappe circulaire avec le bout du bâton
    - ☑ Frappe en pique
    - ☑ Frappe du dulo
    - ☑ Frappe en coup de poing
- ☑ *Sinawali* de base à deux bâtons
- ☑ 3 angles d'attaque
- ☑ 5 angles d'attaque
- ☑ 12 angles d'attaque
- ☑ Travail de frappe sur cible *(bananier, pneu)*

DÉFENSES AUX BATONS

La première phase d'apprentissage des défenses aux bâtons commence par des défenses bâton contre bâton en utilisant la canne de combat classique ; deux bâtons en main pour développer les deux mains en attaque et en défense. Lorsque les deux mains sont en mouvement nous passons au *Solo Baston*, en alternant main gauche et main droite pour conserve et entretenir notre ambidextrie.

- ☑ De la garde à la défense
- ☑ Explorer les angles d'intervention dans le blocage/parade
- ☑ Explorer les trajectoires de défense vs trajectoires d'attaque
- ☑ Défense en Parade
- ☑ Défense Contre ou Avec
- ☑ Défense Avant - Pendant - Après
- ☑ Défense en Blocage (zone proche de la main)
- ☑ Explorer les blocages sur la main
- ☑ Parades et blocage en croix (Doble Baston)
- ☑ Défense en Déviation et Déflexion
- ☑ Défense en Absorption
- ☑ Désarmement au bâton (Doble & Solo)
- ☑ Étranglement avec un bâton (Doble & Solo)
- ☑ Défense double bâton contre couteau
- ☑ Défense simple bâton contre couteau
- ☑ Défense double bâton contre bâton long sur attaques simples
- ☑ Défense en crochetage et percussion (Puño et Dulo)
- ☐ Blocage Désarmement sur la main en glissant
- ☐ Pincement des doigts au bâton - *Ipit-ipit*

ATTAQUES AU COUTEAU

Les modules techniques avec arme de coupe ne doivent être abordés que lorsque l'élève maîtrise suffisamment les armes contondantes. Ces modules doivent être appliqués différemment en fonction des armes et avec une **intégration progressive** :
1. Couteau de combat non-tranchant à vitesse normale
2. Couteau de combat lame vivante à vitesse lente
3. Couteau de combat lame vivante à vitesse normale contrôlée
4. Griffes et Poinçons

Voici les différentes **compétences à maîtriser** :
- ☑ Les prises d'arme au couteau : Classique ou inversée ou stylo
- ☑ Les angles et trajectoires au couteau
- ☑ Les cibles privilégiées au couteau
- ☑ 3 formes de coupes au couteau
    - ☑ Coupe classique
    - ☑ Jab de coupe
    - ☑ Coupe de pointe
    - ☐ Coupe de hachoir
    - ☐ Coupe en glissant
- ☑ 2 formes de pointe (attaque d'estoc) au couteau
    - ☑ Jab de pointe
    - ☑ Attaque d'estoc profonde directe
    - ☐ Estoc puis coupe en sortant
    - ☐ Estoc en vrille en entrant ou en sortant
    - ☐ Sak-sak en coup de poing
- ☑ Pratique de coupe avec lame vivante (fruits, bananier)

DÉFENSES AU COUTEAU

Pour ce travail de défense en utilisant une lame, il est possible d'utiliser des couteaux de combat (type *Spiderco*), des *Balisongs* Philippins, des poignards ou des dagues courtes avec des lames de moins de 20 cm. À chacun de choisir sa lame ; simple ou double tranchant, droite ou courbe.

Nous allons commencer par travailler systématiquement en **prise inversée** contre une **attaque en prise classique**.
- ☑ Concepts de défense au couteau contre couteau
- ☑ Prise d'arme en défense : Classique ou inversée
- ☑ Les formes d'esquive couteau vs couteau
- ☑ Défense en opposition de lame
- ☑ Défense en opposition de pointe
- ☑ Défense intérieure vs défense extérieure

Lorsque nous avons maîtrisé tous les modules de défense au couteau en prise inversée nous pouvons explorer les autres modèles de combat :
- ☐ Prise de couteau inversée vs prise inversée
- ☐ Prise de couteau classique vs prise classique
- ☐ Prise de couteau classique vs prise inversée
- ☐ Défense au couteau contre simple bâton
- ☐ Défense au double couteau
- ☐ Attaque et Défense Baston Y Daga

COMPÉTENCES À MAINS NUES

Pour GM mena et tous les maîtres de sa génération, **combattre sans arme était inconcevable** et stupide… À moins de perdre son arme au cours du combat. La lutte ne fait pas partie de l'arnis. Certaines écoles intègrent le *Dumog* dans un cursus de l'arnis. Si je vois l'intérêt d'un point de vue marketing et loisir, cela n'a aucun sens dans une école d'Arnis classique du type DR.

Ce module est focalisé sur les **formes d'attaques à mains nues** que nous allons incorporer **dans une riposte** ou comme **frappe de diversion** pour faciliter une technique de défense. Attention à rester dans des formes de mains nues qui soient **adaptées au style** du Doblete Rapilon, quel que soit notre niveau dans un autre art martial. Garder la main ouverte de préférence, aucune transition de combat au sol, éviter les frappes de pied plus haut que le haut de la cuisse.

- ☑ Formes de percussion : Fouet - Rebond - Pénétrante - Lourde
- ☑ Techniques de frappe avec la paume
- ☑ Techniques de frappe avec les doigts
- ☑ Techniques de frappe avec coudes
- ☑ Techniques de frappe avec les genoux
- ☑ Techniques de frappe de pied
- ☑ Techniques de crochetage, balayage & renversement
- ☑ Techniques de désarmement à mains nues
- ☑ Techniques d'étranglement à mains nues
- ☐ Techniques de contrôle (à mains nues & bâton)
- ☐ Techniques de clé et torsions

DÉFENSE À MAINS NUES

Dans les systèmes d'arnis traditionnels, *mano-mano* s'applique comme une **défense à main nue contre une arme**. Par contre il reste toujours la possibilité d'utiliser une chaussure, un stylo ou un cendrier pour se **créer une arme** et équilibrer les débats. Combattre à mains nues **contre un expert du couteau** ne nous laisse que très **peu de chance de survie**. La première étape consiste à devenir soi-même un expert du poignard pour être capable de lire les attaques et les feintes.

En général, nous allons toujours suivre le même schéma qui est un cycle dynamique, qui peut se répéter si besoin, en cours de séquence avec une nouvelle attaque et repartir depuis le 1 jusqu'au 5 et fin du combat.

1. Esquive & Ajustement de la distance
2. Protection - Neutralisation
3. Frappe de diversion - Amplification de la réaction
4. Prise de contrôle - Renversement de situation
5. Désarmement - Contrôle ou mise hors d'état de nuire

☑ Défense mains nues contre Solo Baston (attaques simples)
☑ Défense mains nues contre Simple poignard
☑ Défense mains nues contre bâton long sur attaques directes
☐ Défense mains nues contre armes du quotidien
☐ Défense mains nues contre bâton long sur attaques directes
☐ Défense mains nues contre machette (avec un bouclier)

APPLICATIONS DE COMBAT

Les modules de combat sont des **mises en place**, comme des **lancements de jeux** en rugby. On ne peut déterminer que le début de la séquence puisque le cheminement et le déroulement du combat vont dépendre des **combinaisons infinies d'événements impossibles à prévoir**.

Nous sommes dans le cadre de la pratique de l'Arnis sous **sa forme martiale**. Cela signifie qu'il n'y a aucune règle autre que l'efficacité et aucune limite dans la dangerosité des techniques. Par contre, cette forme de travail demande un grand **contrôle technique** et **émotionnel** pour ne pas blesser nos partenaires d'étude. Nous allons ajuster vitesse, intensité, cadence et force.

- ☑ La leçon de danse
- ☑ Défense et Riposte sur 1 ou 2 attaques, puis libre
- ☑ Contre-Attaque sur plusieurs attaques, puis libre
- ☑ Contre du contre
- ☑ Échange libre sur un assaut
- ☑ Échange libre sur 2 puis 3 assauts sans interruption
- ☑ Combat libre avec contrôle
- ☑ Combat libre avec protection
- ☑ Combat entre plusieurs adversaires
- ☐ Joute sportive (en fonction du règlement)
- ☐ Formes de combat en DR

Au début, il est préférable d'harmoniser les armes donc de pratiquer *bâton vs bâton*, puis de mélanger les armes et par exemple de passer à *double bâton vs couteau*.

MODULES DES FMA CLASSIQUES

C'est une **étape** entre les techniques de base des FMA et le travail du Doblete Rapilon. Tous les systèmes classiques sont issus soit de l'*Arnis Guerrero*, soit de l'*Arnis Matador*.

Dans ce cadre, un système comme le *Modern Arnis*, aussi intéressant qu'il soit ne fait pas partie de cette catégorie d'Arnis car le système a été développé dans l'objectif d'apporter une pratique tournée vers le loisir et la pratique technique dans les écoles primaires. De même, certaines formes combatives utilisées par la police ou l'armée aux Philippines ne sont pas forcément basées sur des principes d'Arnis traditionnels classiques. Certains systèmes de *Kali* à *Mindanao*, ne font pas forcément partie non plus de cette catégorie d'**Arnis** traditionnel car ils utilisent des principes plus proches du *Pentchak Silat* Indonésien et certaines armes, certaines positions incompatibles avec notre travail et avec les principes de combat du système DR.

Ces modules classiques sont construits à partir d'enchaînements simples que l'on retrouve dans de nombreux systèmes classiques orientés vers le combat. Il ne s'agit en aucun cas de pratiquer un autre style mais d'utiliser des éléments de combat et des formes qui nous préparent aux techniques plus complexes du DR.

- Cinco Tiros - Travail en distance moyenne sur 5 angles
- Arnis de salon - Travail en distance courte ; Parades et Contres
- Arnis de Campo - Puissance et distance longue (*mano larga*)
- Éléments d'Arnis Traditionnel

À PARTIR DE LA CEINTURE NOIRE

À partir de la Ceinture noire, notre attention se tourne vers l'apprentissage du **système Doblete Rapilon** lui-même et le **transfert des compétences** vers les autres armes à notre disposition.

Figures d'Arnis Traditionnel
Dans cette catégorie nous allons aborder des enchaînements classiques et des figures que l'on retrouve dans de nombreux systèmes de la tradition des *Visayas* et notamment de *Ilo-Ilo* et *Negros*.

Modules du Doblete Rapilon
Ce sont les modules que nous allons étudier en dernier puisqu'ils se basent sur la maîtrise des modules précédents. GM Mena a toujours considéré le Doblete Rapilon comme une forme supérieure de l'Arnis ; un peu comme *l'université des FMA*, tout comme les systèmes de *GM Ben Lema*, *GM Ilustrisimo* et quelques autres maîtres légendaires.

Tous ces systèmes demandent une connaissance complète des formes d'Arnis les plus connues de manière à pouvoir combattre contre et s'adapter à tous les styles. Ce sont des formes de combat beaucoup plus sophistiquées qui demandent plus d'études, plus d'expertise et d'engagement.

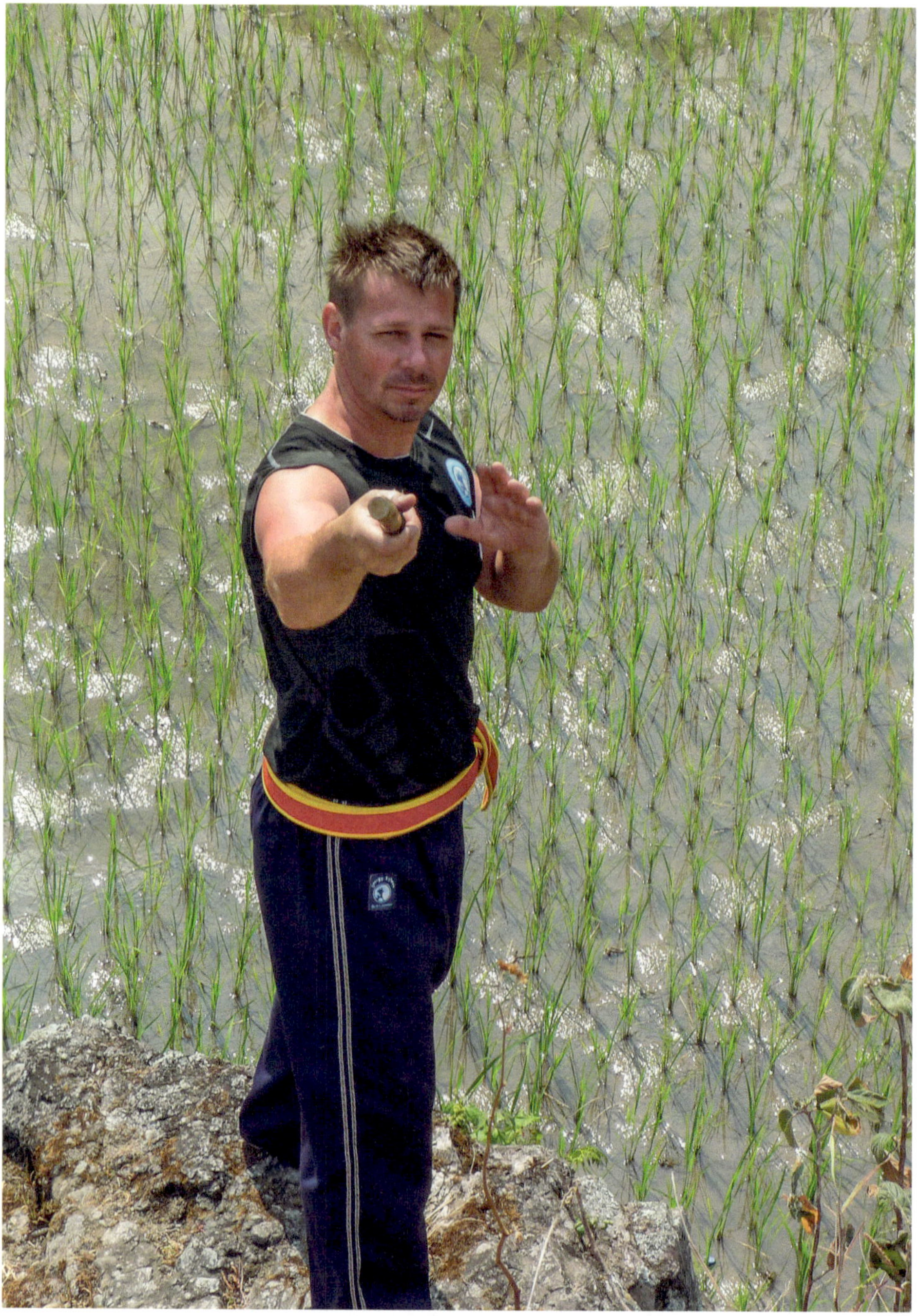

LA PROGRESSION

En Arnis traditionnel, la progression doit être la plus individualisée possible en fonction des objectifs et des points forts de chacun. Avant de se jeter à l'eau, il est préférable d'avoir une idée très claire de son projet et de ses objectifs.

Bien entendu, une progression efficace est… « progressive » avec une montée en charge en fonction des forces et faiblesses de chaque pratiquant et du groupe. Cette progression n'est pas déterminée par le professeur mais en accord entre le maître et l'élève. Chacun s'engage sur des objectifs à atteindre et un timing pour y arriver, en fonction de l'investissement possible.

Au mot « débutant » qui est chargé d'une connotation négative, je préfère celui de « découverte » qui correspond à une phase d'apprentissage. L'estime de soi est une composante fondamentale du succès. En étant qualifié (e) de **débutant (e)** *au départ de son apprentissage, le pratiquant est placé dans une position inconfortable puisqu'il est « déterminé » par le regard comparatif des autres. Je préfère donc substituer au mot débutant celui de* **Découverte**, *puis* **Transition** *et enfin* **Intégration** *qui est la préparation à la ceinture noire que nous retrouvons à la fin de notre cycle 1.*

ACQUISITION DE COMPÉTENCES

Dans une pratique de loisir, l'accent est généralement placé sur l'acquisition de techniques. L'unité de mesure est souvent quantitative, basée sur une connaissance d'un nombre de techniques, de Sinawali, de formes ou d'enchaînements. Ce qui distingue les pratiquants entre eux n'est pas toujours la "qualité", mesurable par l'efficacité, mais la connaissance technique qui est gratifiante et facilement reconnaissable.

Rien de négatif à cela, si ce n'est que ce n'est pas la nature des systèmes combatifs comme le *Doblete Rapilon* ou *Kali Illustrissimo* et autres. La plupart des systèmes d'Arnis traditionnels ne valident pas des programmes de techniques car l'objectif n'est **pas la connaissance** d'un répertoire technique mais **l'efficacité en combat**. **Moins** c'est souvent **mieux** car cela **supprime** une partie du **choix**. Le choix crée un "temps en plus" qui est fatal contre un expert.

Pour cette raison, les formes combatives généralement investissent le **temps de pratique** dans la **maîtrise** du combat. Cela demande énormément de temps car les possibilités sont infinies. Faire une technique parfaite dans un cadre connu avec des « évènements » de combat prévisibles est assez simple. Reconnaître puis gérer ces événements sans aucune limite ou convention est une tout autre histoire. Nous allons donc favoriser un enseignement progressif avec des **blocs** de **compétences compatibles**. Pour chaque étape, nous avons des modules de compétences minimums à acquérir avec une maîtrise suffisante pour commencer à bâtir les modules suivants.

LES SINAWALI

L'image des systèmes de FMA est fortement liée aux *Sinawali* ; ces enchaînements mémorisés qui se pratiquent à grande vitesse, avec des *attaques défenses, contre, contre du contre et du contre. Et technique finale.* Vous remarquerez que le *Sinawali* est toujours réalisé avec 100 % de succès par celui qui le démontre et celui qui le connaît, souvent en fermant les yeux ou en regardant ailleurs.

Une technique de combat en situation réelle présente un **taux de succès** qui se situe entre **20 %** et **80 % pour un expert** ; comme au tennis. *Roger Federer a gagné **82,1 %** des matchs qu'il a disputés dans sa carrière (1242 victoires, 271 défaites), en date d'octobre 2020.*

Pour cette raison, le système Doblete Rapilon ne met pas l'accent sur une liste d'enchaînements à deux sous la forme de *Sinawali* innombrables. Le terme *Sinawali* signifie « tisser ». C'est une méthode de mémorisation mécanique d'enchaînements préétablis qui développe des réflexes musculaires. C'est certainement utile pour la mémorisation d'un répertoire mais ça n'a que peu d'intérêt lorsque l'adversaire ne suit ni les mêmes schémas de combat, ni les mêmes distances et que les transitions ne respectent pas un cadre fixe de cadence, rythme, tempo et distances.

Dans la bouche de mon maître, GM Ména ;
« *Les Sinawali c'est pour que les enfants évitent de se faire mal, pour aider les débutants à prendre confiance dans le flot des techniques et pour faire des démonstrations qui plaisent au public.* »

COMPÉTENCES DE COMBAT SPÉCIFIQUES

Nous allons néanmoins utiliser le *Sinawali* en début d'apprentissage. Par contre, nous allons **investir** plus de notre **temps de pratique** et de nos efforts dans des **applications de combat** et des **principes universels flexibles** qui donnent un avantage en combat face à des **attaques non prévisibles**. Le Doblete Rapilon étant un système relativement sophistiqué, nous avons une grande diversité de modules à intégrer et la priorité va à l'acquisition de compétences de combat compatibles et cohérentes avec notre façon de combattre.

Nous devons garder à l'esprit que le **Doblete Rapilon** existe sous **trois perspectives complémentaires**.

- **L'école d'Arnis Doblete Rapilon** qui contient toutes les techniques et les principes communs à tous les systèmes de combat des Philippines (FMA).
- **L'héritage** des **systèmes d'Arnis classiques** et notamment des styles de la région de *Ilo-Ilo* qui présentent des éléments techniques et des caractéristiques spécifiques ; notamment dans les stratégies et les armes utilisées.
- Le **système Doblete Rapilon** « Mena Style », qui est unique dans sa stratégie et dans ses enchaînements de combat *(les bottes)*.

Il est crucial de rester dans ce cadre déjà très riche plutôt que d'essayer de *grappiller des techniques* à gauche et à droite sans vérifier la compatibilité des concepts et des principes entre eux.

LES EXEMPLES TECHNIQUES

L'efficacité en combat demande avant toute chose le flot et une grande adaptation dans le chaos du combat. Il est assez peu efficace de former des combattants dans un carcan étroit pendant 5 ans avant de leur demander soudainement de se débarrasser de ce carcan pour devenir spontanés et laisser *couler le flot*.

Nous allons au contraire laisser libre cours à la **spontanéité** de chaque pratiquant **dès le départ**, en les guidant au travers de modules qui présentent des perspectives complémentaires à acquérir. Nous allons mettre en mouvements quelques gouttes d'eau qui se transforme en petit ruisseau de montagne, qui prend de la vitesse et de la force jusqu'à devenir un fleuve puissant, impossible à arrêter.

En Doblete Rapilon, nous nous refusons à limiter l'enseignement à un répertoire strict de techniques ou d'enchaînements à maîtriser en fonction des attaques. Il existe une infinité de possibilités, donc nous considérons les techniques comme des expressions de principes et de stratégies. Dans ce cadre, les techniques deviennent interchangeables lorsqu'elles suivent les mêmes principes, ce qui rend le combattant beaucoup plus cohérent dans ses choix et plus imprévisible.

Pour chaque niveau, nous avons des **compétences à acquérir**. Cela ne veut pas dire que la compétence est maîtrisée à la perfection mais que le pratiquant a suffisamment intégré le module/perspective pour être capable d'en développer la maîtrise par lui-même. Il pourra revenir pratiquer une compétence spécifique lorsque nécessaire.

MODULES D'APPRENTISSAGE ET PRATIQUE

Pour chaque étape, nous avons **échelonné des modules** de **compétences** qui sont comme les **briques d'un lego** qui peuvent s'emboîter les uns dans les autres, de manière universelle, afin que chaque pratiquant soit capable de les utiliser en fonction de son objectif de pratique et des situations de combat qui se présentent à elle ou à lui. Gardons à l'esprit que nous ne pouvons pas contrôler tous les événements d'un combat, ni l'environnement et le contexte du combat, ni les compétences ou la férocité de notre ou nos adversaires.

Ces modules de compétences constituent notre curriculum par niveau de pratique. C'est un **minimum à maîtriser** pour passer aux étapes suivantes mais ce n'est pas limitatif bien entendu. Par exemple, nous préférons commencer la pratique par le *Doble Baston* de façon à favoriser l'utilisation des deux mains. Une bonne coordination va s'avérer fondamentale lorsque nous aborderons le travail de la main libre. Cela n'empêche pas le pratiquant ni le professeur de passer aussi à *Solo Baston* le temps d'une technique pendant une session : Si possible à travailler main gauche et main droite.

La mise ne place d'un curriculum à base de modules de compétences est fortement facilitée par des plans de séance qui permettent la mise en place des concepts et principes adaptés au niveau de chaque pratiquant. Nous allons équilibrer le travail en groupe et les moments de travail individuel spécifiques. Cette approche est grandement facilitée par des pratiquants qui prennent leur progression en main.

PRENDRE DES NOTES… AVEC SOI

Ce **guide** d'étude est conçu pour aider le pratiquant à structurer **sa propre progression** et pouvoir **se fixer des objectifs** en sachant quoi attendre de la pratique. Nous voulons mettre une image sur des concepts et des pratiques. C'est avant tout un aide-mémoire car l'apprentissage doit être dynamique ; que ce soit en face-à-face ou bien au travers de supports vidéo et de séances de coaching en ligne pour compléter notre étude. On ne peut pas apprendre avec un livre. C'est un aide-mémoire et un fil d'Ariane.

Les exemples présentés sous forme de photos dans ce cahier ou dans nos vidéos pédagogiques ne sont QUE des exemples pour donner des idées d'étude et de mise en pratique. Chaque pratiquant va choisir de développer et d'approfondir les formes qui lui correspondent. Chaque professeur va pouvoir aider chaque élève à choisir puis adapter en fonction de sa propre progression et ces points forts ou ses points d'intérêt. Le professeur ne choisit pas pour les autres, il propose.

Le support statique d'un cahier technique garde l'avantage de ne pas s'évaporer dans le mouvement. Il permet d'**ancrer quelques repères** qui vont servir à revenir en arrière pour consolider notre connaissance lorsque nécessaire. Dans le même temps il est **indispensable** de **prendre des notes**. La clarté de compréhension s'efface comme un poème sur le sable de notre conscience. Une **leçon**, comme un **rêve** intervient dans un autre espace-temps. Il faut **ancrer cette information immédiatement** en prenant **des notes.**

LES TITRES DU DOBLETE RAPILON

Cette question m'a toujours semblé importante d'un point de vue éthique. Lorsque GM Mena a décidé qu'il était temps de me remettre mes diplômes, nous avons eu ouvertement cette discussion : Quel devaient être les titres si le *Mena System* (Arnis Doblete Rapilon) se développait à l'international ?

Avec son franc parlé habituel il me répondit : *"Moi je suis le fondateur et je suis Golden Belt 12e Degré, donc j'ai le Titre de* **Supreme Grand Master** *et toi comme tu es mon second tu prends le titre de* **Punong Guro** *(Chef Instructeur ou Master Instructeur) et lorsque tu serras prêt, tu revendiqueras par toi même le titre de GM.*

Dans l'organisation WADR qui garantit le développement du système Arnis Doblete Rapilon dans sa forme originale, nous suivons la même tradition. Les Titres sont attribués par le chef de file de l'école et peuvent être révoqués s'ils ne sont pas validés.

- **Supreme Grand Master** (SGM) est réservé au fondateur du système. Même si GM Mena nous a quittées en 2005, il conserve sa place à la table et ne sera jamais remplacé.
- **Grand Master** (GM) est réservé au chef de file de notre organisation qui peut attribuer les titres suivants.
- **Punong Guro** atteste la maîtrise technique et le rôle de Directeur Technique des Instructeurs de notre école.
- **Master** peut être attribué aux Instructeurs Niveau 3 qui ont validés leurs compétences techniques avec au minimum le grade de 6e Degré et leur compétence de formateur des enseignants.
- **Guro** (Professeur) est attribué aux professeurs des niveaux 1 et 2 qui ont un statut valide et actualisé.

GRADES & ENSEIGNEMENT DU DR

Les grades correspondent au niveau technique que chaque pratiquant à réussit à valider. Quelque que soit le grade obtenu, il a de la valeur, car franchir le seuil d'une école de combat demande toujours du courage et une ouverture d'esprit ; et cela impose le respect. Lorsque qu'un pratiquant obtient un grade il le garde à vie.

Afin de garantir le niveau d'excellence du système qui nous a été confié, chaque professeur de la *World Arnis Doblete Rapilon* doit valider son statut chaque année pour conserver sa capacité à enseigner au sein de la WADR et à représenter notre sytème.

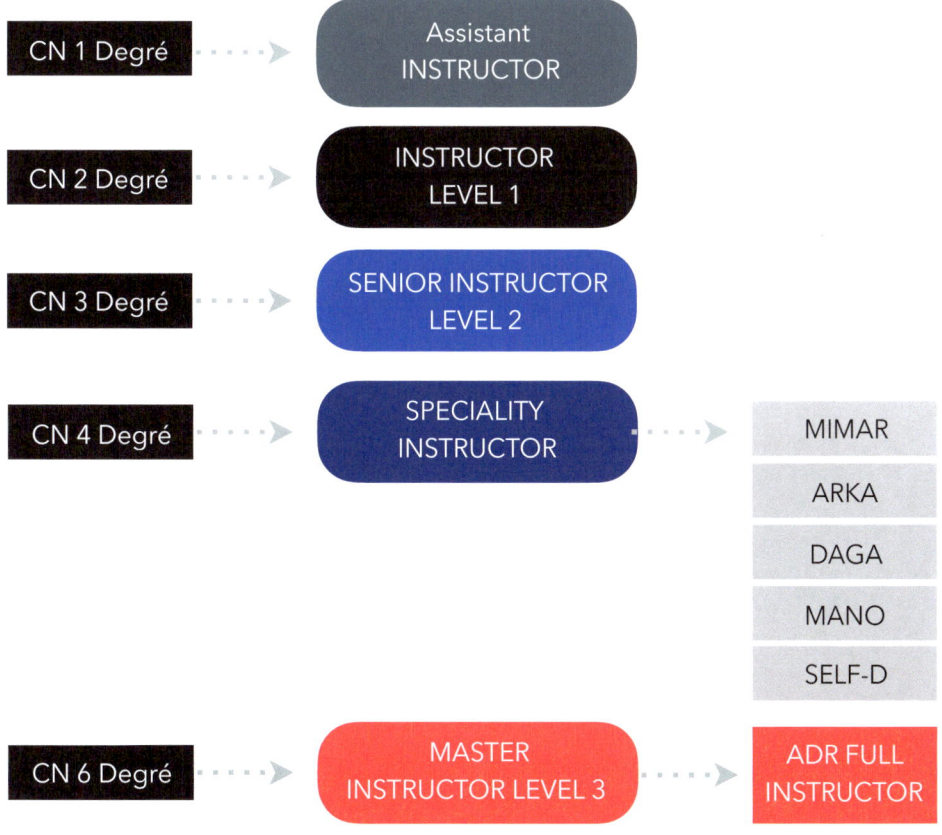

Grade	Niveau	Spécialités
CN 1 Degré	Assistant INSTRUCTOR	
CN 2 Degré	INSTRUCTOR LEVEL 1	
CN 3 Degré	SENIOR INSTRUCTOR LEVEL 2	
CN 4 Degré	SPECIALITY INSTRUCTOR	MIMAR / ARKA / DAGA / MANO / SELF-D
CN 6 Degré	MASTER INSTRUCTOR LEVEL 3	ADR FULL INSTRUCTOR

LIVRE 2

PROGRESSION PAR NIVEAU

Chaque étape de progression peut être théorisée en « niveaux » que l'on représente par des « ceintures ». Cette approche permet de clarifier des objectifs à atteindre pour le pratiquant et de faciliter l'enseignement pour le professeur. Cependant chaque individu est unique car nous avons des compétences et des savoirs déjà en place qu'il faudra adapter et utiliser.

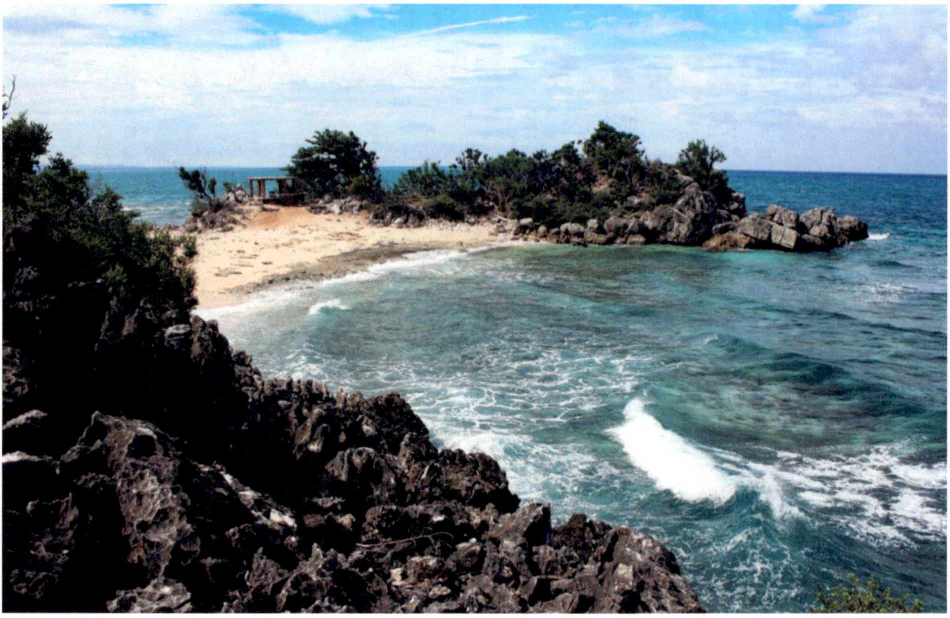

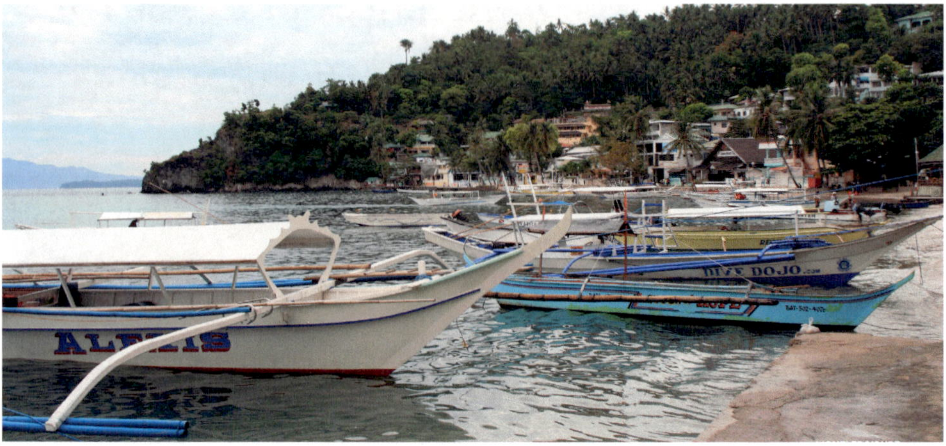

LA PHASE DE DÉCOUVERTE

Cette phase est fondamentale dans le développement d'un pratiquant. C'est un moment de découverte des principes et des concepts de combat et l'introduction d'armes spécifiques. C'est aussi la rencontre avec une culture ; une manière d'être, de pratiquer et d'apprendre qui est spécifique aux arts de combat philippins.

À ce stade, ça passe ou sa casse. Motivation maximum et curiosité ou… Bof mouai bon… Ça dépend du niveau du professeur et de la dynamique du groupe mais aussi de la clarté du projet. Or ce projet dépend du pratiquant. À chacun de clarifier ce qu'il/qu'elle veut faire avec cet outil. Ce n'est pas l'art martial qui est bon ou mauvais mais la personne qui y trouve son compte ou non.

La phase de découverte est découpée en 3 étapes qui peuvent être couvertes en 3 fois 3 mois. Pour un débutant dans les arts martiaux et avec 5 séances par semaine (2 cours + 3 pratiques) nous pouvons couvrir facilement le programme en une saison complète.

Pour une ceinture noire avec suffisamment de pratique dans un autre art martial, il est possible de couvrir cette phase de découverte en 3 mois, à condition de savoir transférer des compétences sans s'attacher à sa forme de travail précédente.

*Bienvenue dans le Jeepney des arts de combat des Philippines.
En route !*

PROGRESSION C. BLANCHE

DURÉ	1 à 3 Mois
OBJECTIFS	**DÉCOUVERTE - PLAISIR - INTÉGRATION**
LES ARMES	**DOUBLE BATON**
LES ANGLES	**3 ANGLES DE BASE**
DISTANCES	**MEDIO**
DÉFENSES	**PARADE**

- ❏ Attitude et conventions de pratique
- ❏ 2 prises d'arme au bâton : Basse (1 pouce) & haute (1 main)
- ❏ Salut et étiquette
- ❏ Les non-positions de combat
- ❏ Les Gardes d'attente & Mise en garde
- ❏ Les Gardes de base : Sirada - Abierta
- ❏ Arko, Mise en garde & Changements de garde
- ❏ Comprendre les Angles vs Cibles vs Trajectoires d'attaque
- ❏ Les cibles privilégiées au bâton
- ❏ Les frappes d'entraînement
- ❏ De la Garde à la Défense
- ❏ Défense en Parade
- ❏ 3 angles d'attaque & de défense
- ❏ *Sinawali* de base à deux bâtons *(Doble Baston)*
- ❏ Concepts de combat en distance médiane *(Medio)*
- ❏ La *leçon de danse*

ATTITUDES ET CONVENTIONS DE PRATIQUE

Chaque art martial reflète sa culture d'origine. Dans les Arts Martiaux philippins, nous avons un kaléidoscope de cultures d'origines et de nombreuses influences. En fonction des régions et des formes de FMA, nous observons des différences subtiles. Cependant, tous les systèmes partagent une culture martiale commune :

- Sourire en toutes circonstances.
- Respect & politesse dans la décontraction.
- Attitude non conflictuelle en toutes circonstances.
- Ouverture vers les autres formes de pratique.
- Attention portée à l'image *(Chinese Face + Orgueil Espagnol)*.
- Importance des « titres » indiquant la position sociale ou la fonction ; *Master X, Guro Y, Ingénieur Z, Coach V…*
- Importance de marquer la relation émotionnelle et affective : *Tito/Tita (Oncle/Tante), Kuya (Grand frère), Ate (Grande Soeur), Lolo/Lola (Grand père).*
- Diminutif : *Tatang, Bong, Ding, Jun, JD, JP…*

Dans l'école **Doblete Rapilon**, nous suivons cette tradition culturelle et nous insistons sur plusieurs aspects additionnels :

- Respect et conservation de notre héritage martial et spirituel.
- Conservation des concepts, principes et technique du DR.
- Responsabilité de chaque professeur, chaque élève d'apporter sa contribution à la dynamique et à la vitalité de l'école.
- L'efficacité en combat comme baromètre de la maîtrise.
- L'art martial comme modalité de transformation de l'individu.

2 PRISES D'ARME AU BÂTON

D'une manière générale, dans l'ensemble des systèmes d'Arnis Kali Eskrima, nous retrouvons 2 formes de prise d'arme directe qui correspondent à une façon de travailler différente.

La forme la plus courante en Arnis consiste à tenir le bâton à environ une **largeur de paume** du culot/talon de l'arme (le *Dulo*) :
- Systèmes en distance Corto > Medio.
- Utilisation du *Dulo* pour crocheter et désarmer.
- Plus facile à orienter - Plus difficile pour changer la prise.
- Parfois, nous pouvons noter rotation de l'arme en ouvrant les doigts pour permettre le passage du talon : À éviter absolument.

En **Doblete Rapilon** nous utilisons la seconde option en priorité avec une prise d'arme à **1 pouce du dulo**.
- Systèmes en distance Medio-corto > Largo
- Allonge - Force d'impact - Inertie
- Permets les rotations de bâton *(Arko & Doblete)* sans ouvrir les doigts, en utilisant uniquement le poignet.
- Il suffit d'ouvrir la prise pour que l'arme descende en position plus haute si besoin.

Tous les doigts sont fermés sur la cane, le pouce recouvre l'index, Noter la distance de 1 à 2 pouces du dulo.

SALUT ET ÉTIQUETTE

Il existe de **nombreux saluts** selon l'origine géographique du système et la culture régionale du lieu d'origine. C'est une revendication symbolique de sa culture d'appartenance, de son clan et parfois de sa religion proclamée. Les anciens maîtres chrétiens avaient l'habitude de dessiner une croix sur le sol avec leur arme puis poser le pied sur le centre de la croix pour engager le combat.

Aux Philippines, lorsqu'on observe les différentes pratiques de salut, on peut observer des courbures de tête à la façon chinoise, des attitudes de l'Espagne coloniale. La main sur le cœur, la main qui va du cœur au front à la manière de la tradition arabique, des saluts militaires au garde-à-vous en faisant claquer les pieds…

Dans la pratique, les arts martiaux philippins ont une étiquette à la fois très discrète et très profonde basée sur le respect des maîtres, des anciens, des oncles et des frères et sœurs aînées. Il existe de nombreux gestes culturels discrets. Même si l'*étranger* n'est pas censé les respecter, le fait de les appliquer est très apprécié. Attention à ne pas confondre l'apparente décontraction des sessions d'Arnis avec une séance de sport. Cela reste un art martial avec des règles très strictes mais « *à la façon des Philippines* ».

Faire preuve de cohésion sociale, aller vers les autres, aider les plus jeunes dans la pratique, toujours sourire et intégrer des formules de politesse dans les questions et les réponses. Saluer le lieu de pratique pour le sacraliser et saluer ses partenaires de travail reste des incontournables.

En **Doblete Rapilon**, le salut se fait avec un mouvement en 3 temps :
- Pieds écartés de la largeur des épaules - Relaxe, petit sourire.
- Amener la garde au niveau du **cœur** (sans courber la tête).
- Amener la garde au niveau du **fron**t. Regard au-delà de l'adversaire.
- Mise en **garde en avançant** - Arme pied avant - Regard flou.

LES NON-POSITIONS

Il n'existe **pas de positions figées** dans les arts martiaux philippins classiques comme on peut en trouver en *Kung-Fu*, *Penchack Silat* et *Karate*. Malheureusement certains professeurs et pratiquants restent influencés par la pratique des arts martiaux japonais, chinois ou indonésiens où les positions jouent un rôle important dans l'apprentissage sans suffisamment en comprendre la finalité.

Surtout à oublier en Arnis ! Du moins, dans les systèmes classiques.

Une **attitude naturelle**, avec une répartition de poids **55 %** (avant) et **45 %** (arrière) d'une jambe sur l'autre et l'écartement d'un **pas de marche** est souvent une bonne option. **L'arme est toujours devant**, comme un bouclier. Avec 2 armes, la plus longue devant.

Dans le combat, une position est juste un **passage**. L'important reste le **passage d'une position à l'autre**. Le mouvement des armes, les distances et le flot du combat vont conditionner les différentes positions et non l'inverse. La recherche de positions stables est un autre concept à reconsidérer. Nous allons plutôt veiller à garder le **contrôle de notre déséquilibre** dans le mouvement. Sans déséquilibre… Aucun mouvement possible. Pour oublier les positions, concentrons-nous sur les gardes d'attente et les gardes dynamiques, puis les gardes en mouvement et les déplacements, comme en boxe.

GARDES D'ATTENTE - MISES EN GARE

Une **garde d'attente** permet d'être **prêt à engager le combat** à tout moment **sans montrer de signe de combativité**. Ce type de garde doit être pratiqué régulièrement pour gagner en explosivité.

La **mise en garde** est un mouvement important car c'est le « *contrat de combat* » : Une ligne à franchir en connaissance des causes et des conséquences.

Master Greg en garde d'attente Doble Baston.

En garde !

LES GARDES DE BASE - ABIERTA & SIRADA

Traditionnellement nous utilisons 2 gardes de départ ; **Abierta** (ouverte) et **Serada** (fermée). Chaque forme de base contient plusieurs variantes en fonction des besoins avec une option haute, médiane, basse ou en appui sur le sol. Les gardes ne sont jamais figées. Dans un déplacement l'arme peut se retrouver sur la jambe arrière un instant pour ouvrir/fermer l'angle ou changer de distance.

Mula (ou Buhat) sa Araw
Pointe vers le Soleil

Abierta estación

Serada estación

Mula sa Lupa (Tagalog) ou
Lubong Sa Lupa (Visaya)
Pointe vers le sol

ARKO & MISE EN GARDE

Ce mouvement est très spécifique aux arts martiaux philippins. *Arko* nous permet de **mettre l'arme en mouvement** et d'utiliser son inertie pour une **mise en garde dynamique** ou **enclencher une attaque**, un blocage rapide, pour **changer de garde** (garde classique ou garde de revers) ou pour **changer la hauteur de la garde**.

Il s'agit de faire tourner l'arme, soit vers le bas soit vers le haut en pivotant le poignet **sans ouvrir les doigt**s. Il est ainsi possible d'enchaîner les coups sans armer tout en gardant un bon contrôle de l'espace.

CHANGEMENT DE GARDE

Nous allons utiliser **Arko** pour passer de **Sirada** à **Abierta** sans casser le flot. Conserver une prise ferme mais relâché, sans ouvrir les doigts et utiliser la flexibilité du poignet, du coude et de l'épaule. Dans l'exemple ci-dessous, le mouvement est dans le sens des aiguilles d'une montre. Il est à utiliser de la même façon dans le sens contraire.

ANGLES - CIBLES - TRAJECTOIRES

Le concept des **ANGLES** est certainement le noyau de la pratique de tous les systèmes de FMA. Travailler à partir des **angles d'attaques** permet d'y associer des **angles de défenses** et de mettre en place des principes adaptables à l'imprévisibilité du combat.

La notion de **CIBLE** n'intervient **QUE pour les attaques**. On ne défend jamais une cible pour pouvoir garder une plus grande liberté dans la lecture intuitive de l'angle et de la trajectoire de l'attaque.

Le concept de **TRAJECTOIRE** est un **affinement de la lecture** d'un **angle d'attaque sur une défense**. Cela permet notamment d'intervenir à différents moments d'une attaque. Dans la **phase d'attaque**, en prenant en compte les différentes trajectoires, nous allons cibler ou changer de cible en fonction de la dynamique spatiale et du timing. Avec plus de flot, la trajectoire est d'autant plus difficile à prédire.

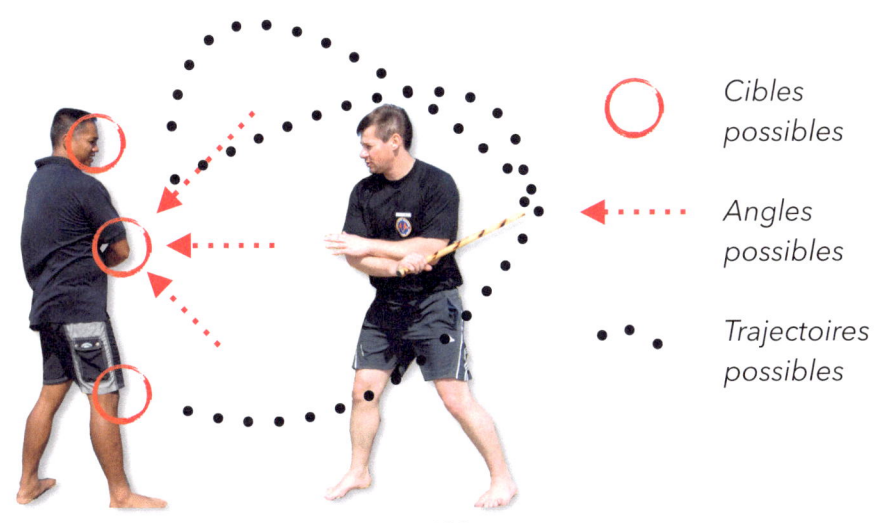

Cibles possibles

Angles possibles

Trajectoires possibles

FRAPPE D'ENTRAÎNEMENT

Réalisée progressivement avec force et vitesse mais en total contrôle et avec un **arrêt avant l'impact** pour ne pas blesser votre partenaire d'entraînement. Cette forme de frappe n'a évidemment **aucun intérêt en combat**. Elle permet juste l'apprentissage des techniques de défense et des angles pour développer la psychomotricité au départ. Attention à toujours garder cette notion en tête ; défendre sur une frappe d'entraînement est juste utile dans la phase initiale de la pratique.

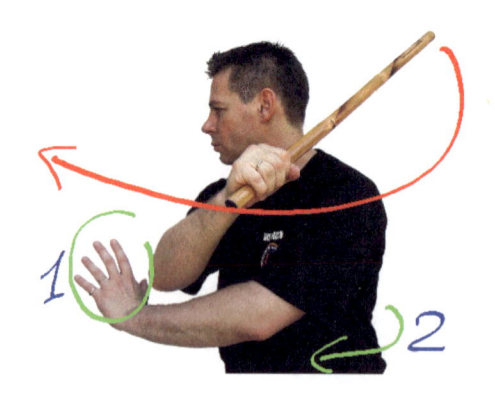

1. Toujours garder la main ouverte prête à intervenir pour contrôler ou attraper.
2. Impliquer les hanches en gardant la connexion avec le reste du corps sans exagération.

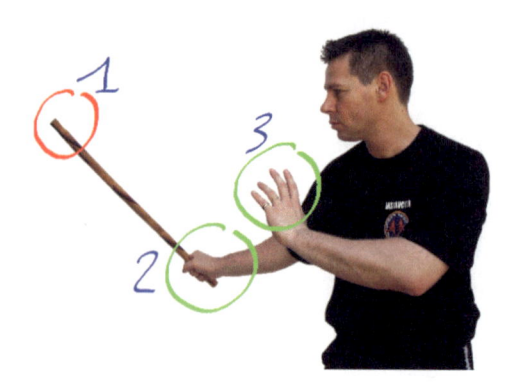

1. Garder le contrôle du bout du bâton, en ligne avec le corps.
2. Le poignet reste ferme mais souple et décontracté.
3. La main libre fait partie intégrante de la technique.

DE LA GARDE À LA DÉFENSE

La défense ne se choisit pas, elle s'impose. Prendre la **décision** d'une défense est un schéma d'action **trop lent** car sujet à l'intervention de notre cerveau gauche. Une défense efficace est une **mise en place intuitive** en fonction d'une **lecture intuitive**. La défense intervient toujours suite à un stimulus, donc **après** l'amorce d'une attaque. Nous avons donc **très peu de temps pour intervenir**. Compenser le retard par une vitesse d'action ne fonctionne que si l'adversaire est plus lent. Avec l'âge et malgré la pratique, les facultés de vitesse décroissent.

Afin de mettre plus de chances de notre côté, nous allons développer des « **facteurs clés** » qui **amplifient nos probabilités** de succès ;
- Développer une stabilisation émotionnelle face au danger.
- Développer une lecture intuitive des attaques.
- Développer des mémoires musculaires contrôlées.
- Déléguer nos schémas d'action à notre instinct.
- Et toujours enclencher la défense depuis la position de garde au moment de l'attaque. De la **Garde > Défense = 1 temps !**

DÉFENSE EN « PARADE »

La parade est mouvement neutre et rapide qui nous protège de l'attaque à la manière d'un **bouclier.** Il s'agit souvent d'un mouvement réflexe en distance courte. Cette forme de défense est adaptée aux distances *Corto, Medio-Corto et Medio*. Cette technique ne convient pas à une attaque très puissante. Avec suffisamment de lecture, elle permet d'enchaîner une contre-attaque ou une riposte très rapide.

C'est la première forme de défense à maîtriser avant de s'engager sur des défenses plus actives. Pour être plus efficace, la parade demande une *qualité de main* afin d'**absorber l'impact** pour éviter que l'adversaire ne puisse rebondir et enchaîner une seconde frappe.

3 ANGLES D'ATTAQUE & DÉFENSE

Dans un premier temps nous allons limiter l'apprentissage sur 3 angles d'attaque et de défense. Il est important de noter que sur chaque angle nous allons moduler 3 éléments :
- La **hauteur** de frappe sur un angle **Horizontal** et **Diagonal**.
- La **position dans l'espace** (droite à gauche) sur angle **Vertical**.
- La **trajectoire** qui est déterminée par plusieurs éléments :
    a. Le **degré spécifique de l'angle**
    b. **L'amplitude de l'attaque**
    c. La **qualité temporelle** : Vitesse - Rythme - Tempo
    d. Les déplacements réciproques des protagonistes

Angle Plan Vertical Haut > Bas.
Cible : Tête, Visage, Sternum ou Clavicule en décalant l'axe vertical.

Plan Diagonal Haut > Bas.
Cible : Tempe, Visage, Clavicule et Coude et main en fermant l'angle.

Angle Plan Horizontal Hauteur médiane.
Cible : Coude, Main de garde, Genou, Visage.

SINAWALI - DOBLE BASTON

Le terme Sinawali, signifie « tisser ». Ce n'est qu'un exercice pour développer la dextérité. Le Sinawali s'est développé pour sa forme théâtrale dans les « sinulog » qui était des représentations théâtrales de forains qui allaient de village en village. Nous allons utiliser le Sinawali pour développer plusieurs aspects :
- Le flot des attaques et le « liant » dans le mouvement.
- Dextérité et synchronisation entre les deux mains.
- Mémorisation d'une gestuelle.
- Intégration des trajectoires.
- Positionnement du corps autour de l'arme.
- Prise de confiance en début d'apprentissage.
- Souplesse des poignets et des épaules, force des avant-bras.
- Échauffement avant la pratique.

Attention à ne tomber dans la routine du « bâton contre bâton » *je mets mon bâton dans une position et tu tapes dessus*. Il est préférable de travailler les Sinawali en solo, plutôt que de les réciter à 2.

Par contre, le Sinawali n'a aucun intérêt dans l'optique d'une application de combat. Un enchaînement de Sinawali n'a absolument aucune valeur combative et mémoriser des dizaines de Sinawali prend du temps sur la pratique. En **Doblete Rapilon** nous préférons investir ce temps dans l'apprentissage et la pratique de techniques de combat applicables dans la dynamique d'un combat. La mémorisation d'enchaînements de combat sous forme de « bottes » intervient plus tard dans la pratique.

Sur cet exemple : **Attaque circulaire** au visage à distance de frappe. Dani en **garde Serada** prêt à bloquer si nécessaire.

Léger **changement d'axe** avec r**etrait du haut du corps** sur le côté pour éviter la frappe et **passer derrière la trajectoire.** Position idéale pour riposter dans le temps.

La distance est parfaite pour une **esquive sur place**. Dani attend le dernier moment pour bouger. Avec une simple **esquive de corps**, un « dodge », Dani laisse passer l'attaque avec une marge de sécurité.

CONCEPTS DE COMBAT - MEDIO

La distance « medio » est une **bonne distance d'étude** pour mettre en place des défenses, car elle donne suffisamment d'espace et de temps pour lire les attaques et effectuer des déplacements. Nous pouvons **étalonner les autres distances** à partir de cette distance moyenne. Attention à ne pas suivre une logique de combat à mains nues car la distance change en fonction de l'arme de l'adversaire : Poignard, baston ou bâton long.

Distance par rapport à l'Arme de l'Adversaire

Zone de Sécurité	J'ai le temps de sortir mon arme avant qu'il ne puisse me toucher
Zone de Combat	Les 2 protagonistes doivent faire un pas pour pouvoir toucher une cible
Largo	Frappe sur un pas en allongeant le bras
Medio	Frappe en allongeant le bras
Medio-Corto	Frappe sans allonger le bras
Corto	Distance de frappe de Coude
Mano-mano	Corps à corps - Épaule contre épaule

LA LEÇON DE DANSE

Vous avez pris plaisir à taper sur votre copain, et bien dansez maintenant !

Pour cet exercice nous avons besoin d'un pratiquant suffisamment avancé dans sa maîtrise de l'Arnis pour contrôler ses frappes et trajectoires en mouvement face à un pratiquant qui va se déplacer pour éviter les attaques **sans riposter** ou contre-attaquer. Le but de cet exercice est de développer la lecture des attaques et ajuster les déplacements et les esquives.

L'exercice va **monter graduellement en difficulté** :
1. Attaques successives sur 3, puis 5 et 12 angles en laissant le temps pour la défense dans un esprit d'accompagnement.
2. Attaques successives en changeant le rythme, la vitesse et les trajectoires pour tester le pratiquant.
3. Attaques libres sans complaisance avec 100 % de contrôle.

C'est un travail de **lecture des angle**s, **trajectoires** et du **timing** des attaques qui permet de développer plusieurs aspects :
- **Lecture** des **angles** d'attaque et du **timing** des attaques.
- Maîtrise des **distances et des trajectoires.**
- Qualité des **déplacements.**
- **Confiance.**

Un monde nouveau, de nouveaux amis, de nouvelles habitudes.

PROGRESSION C. JAUNE

DURÉ	2 à 3 Mois
OBJECTIFS	**PRISE DE CONFIANCE - DÉCONTRACTION**
LES ARMES	DOUBLE & **SIMPLE BATON**
LES ANGLES	**5** ANGLES DE BASE
DISTANCES	MEDIO & **MEDIO-CORTO**
DÉFENSES	PARADE & **BLOCAGE**

- ☐ 5 Angles d'attaque & de défense
- ☐ Défense en Blocage
- ☐ Concepts de combat en distance médiane courte (*Medio-corto*)
- ☐ Les déplacements et la mobilité
- ☐ Esquiver une attaque
- ☐ Changements d'axe
- ☐ Replacement de jambe en « V »
- ☐ Décalage Arrière & Décalage Avant
- ☐ *Cinco Tiros* - Travail en distance médiane sur 5 angles
- ☐ Comprendre les Angles de Défense vs Technique de Défense
- ☐ *Bantay Kamay (main de garde)* - Utilisation de la *main libre*
- ☐ Explorer les angles d'intervention dans le blocage et la parade
- ☐ Explorer les trajectoires de défense vs trajectoires d'attaque
- ☐ Défense *Contre* ou *Avec*
- ☐ Défense *Avant - Pendant - Après*
- ☐ Intégrer le flot dans la défense et l'attaque
- ☐ Travail de frappe sur cible *(bananier, pneu)*
- ☐ Échanges libres sur un assaut

5 ANGLES D'ATTAQUE & DE DÉFENSE

Nous allons élargir le champ des possibles en **ajoutant 2 angles** aux 3 premiers que nous avons étudiés ; Un **angle horizontal inversé** (main en revers, pronation) et un **angle sur le plan axial horizontal**, sous la forme d'une pique. La pique est avant tout une attaque efficace avec une lame mais dans l'apprentissage, le bâton est une bonne option. Une pique précise et profonde au plexus est cependant très efficace, même avec un bâton.

Angle Plan Horizontal Circulaire de revers. Hauteur médiane. Cible : Coude, Main de garde, Genou, Visage.

Angle Horizontal Axial. Hauteur médiane. Cible : Plexus, Sternum.

LE BLOCAGE

C'est un mouvement positif et puissant, qui va vers l'attaque en **frappant le poignet** ou **la main de l'adversaire** ou sur la partie basse de son arme, près de la garde. **En aucun cas effectuer le blocage lorsque l'attaque atteint sa force maximale**. Une tentative de blocage sur le bout de la cane est aussi à éviter absolument car cela permet à l'adversaire de rebondir pour enchaîner et c'est une prise de risque importante pour peu de bénéfice.

Bloquer soit au **début de l'attaque** (phase de montée en puissance), soit après, **lorsque l'attaque a dépassé sa cible première** et perd de sa puissance. Restez en mouvement après la défense.

*Dani effectue un **blocage d'entraînement**, proche de la garde. Noter que l'intervention se fait avant que l'arme n'arrive dans sa zone de puissance maximale et alors que l'angle est encore fermé.*

*Dani effectue cette fois un **blocage de combat sur le poignet** en remontant. L'intervention se fait en début d'attaque, la main reste en protection par sécurité.*

CONCEPTS DE COMBAT - MEDIO CORTO

La distance **Medio-Corto** est une distance confortable pour commencer notre apprentissage de l'Arnis. L'adversaire est suffisamment loin pour que nous puissions nous habituer aux trajectoires et à l'allonge d'une cane de combat *(Baston ou Olisi)*. C'est une **bonne distance de pratique** pour la **sécurité** dans les premiers temps de l'apprentissage ; aussi bien pour attaquer sans perdre contrôle que pour défendre sans danger.

En attaque, nous avons **suffisamment d'espace** pour pouvoir lâcher les frappes en faisant intervenir toute la chaîne musculaire pour développer des formes biomécaniques efficaces. Nous allons solliciter la chaîne musculaire comme pour un *service* ou un *smash* en tennis.
- L'arme est une extension du corps, une liane qui se déploie :
  Appuis, centre du corps, épaules, coude, poignet, doigts.
- Nous avons plusieurs formes de frappes qui vont mobiliser notre chaîne musculaire de manières différentes.
- Attention à **ne pas** essayer de *lancer l'attaque avec les hanches*.

En défense nous avons le **choix** entre la **parade** et le **blocage**. Il est possible sur la distance medio-corto d'utiliser des amortis et des déviations que nous étudierons plus tard. À cette distance, nous avons l'**espace** et le **temps** de **gérer les trajectoires.** Avec plus de distance, la frappe emmagasine de l'inertie et devient plus lourde. Plus proche, nous aurons moins de temps pour lire l'angle et la trajectoire.

LES DÉPLACEMENTS

Dans le combat, les **positions vont disparaître** au **profit du déplacement**. Les attaques en arnis sont très rapides et nous n'avons pas le temps de nous déplacer en faisant des pas ou en changeant de position, comme en Karaté/KungFu par exemple. Il est utile de garder à l'esprit toutes les possibilités et le nom de chaque déplacement pour mieux les identifier. Il est crucial de se forcer à utiliser tous les déplacements et toutes les esquives présentées dans notre progression pour développer des options et de ne pas mélanger les mouvements.

Les déplacements en Arnis tiennent compte de la trajectoire de l'arme. Il est plus risqué de bloquer, parer, contrer, dévier ou esquiver au moment ou l'attaque atteint sa pleine puissance. Il faudra donc agir soit avant (pendant la montée en puissance et en vitesse), soit après (lorsque l'attaque a dépassé son point d'impact visé) et toujours intégrer un déplacement et une esquive.

À 80 ans, GM Mena démontre sa maîtrise parfaite des déplacements en éliminant Master Dani sur un pas, avec une facilité déconcertante :

L'ESQUIVE - ILAG

Il s'agit de **laisser passer l'attaque** en changeant la **répartition du poids** d'une jambe sur l'autre ou éviter l'attaque avec un déplacement de la tête ou du tronc. Mouvement très rapide qui demande une bonne **lecture**, de la **décontraction** et beaucoup de pratique. Il est **possible de désaxer intérieur** ou **extérieur** et retirer la jambe en la faisant glisser pour gagner un peu plus de distance sans perdre sa position sur l'échiquier. Ce mouvement est parfois appelé « élastique » aux Philippines. En levant l'épaule, nous allons fermer l'angle de frappe sur certains angles. En Boxe, c'est un "dodge".

Option 1 :
En distance medio-corto, esquive latérale arrière avec une protection de l'épaule. Dani garde son arme dans l'espace pour enchaîner une contre-attaque.

Option 2 :
Ilag arrière avec une défense en demi-lune pour dévier l'attaque vers l'extérieur.

Option 3 :
Léger Ilag latéral arrière avec un blocage sur la main dans l'attaque. Noter la main libre en protection.

Option 4 :
Frappe sur le poignet « dans le temps » avec une esquive latérale arrière.

CHANGEMENT D'AXE

Indispensable pour **se retourner en sécurité** ou combattre plusieurs adversaires. Toujours tourner du **côté de la jambe avancée** et donc **du côté de l'arme**. Accompagner le changement d'axe par une **frappe** ou une **prise de garde** pour occuper l'espace : **Sur-place (A)** ou **Avec-recul (B)**. Voici quelques exercices à pratiquer à partir de ce schéma de placement. « *P1* » = *Pratiquant #1*

❈ **Travail seul** : A faire en marchant ou en trottinant :
a. En ligne droite : Changement d'axe 180 Degrés
b. En ligne droite : Changement d'axe 180d. > Contre-attaque dans le vide
c. Changement d'axe dans les 4 puis 8 directions

❈ **Travail à 2** : A réaliser en augmentant vitesse sur angles 1-2-3
1. P1 marche en ligne droite - P2 suit
2. Au moment ou P1 se retourne > P2 lance 1 attaque libre > P1 Esquive
3. P1... > P2 attaque > P1 Bloque/ Parade

❈ **Travail dynamique à 2** : Même travail en trottinant. P1 se déplace dans toutes les directions avec des changements de vitesse et de rythme.

La *vision* est prépondérante, mais nous allons commencer à aiguiser nos autres sens et notre intuition en visualisant l'adversaire avant de nous retourner et apprendre à faire confiance à notre intuition.

AKE - CAHIERS TECHNIQUES 1　　　　　　　　　　　　　　　　　　　　　　　PROGRESSION C. JAUNE

A

1　　　2　　　3

B

121

REPLACEMENT DE JAMBE EN « V »

Remplacer la jambe avant par **la jambe arrière**. Sans avancer ni reculer et en occupant la **même position dans l'espace**, nous pouvons ainsi intégrer une défense sans perdre de terrain. En **avançant la jambe arrière (exemple A)** ou en **reculant la jambe avant (B)** pour bloquer ou parer l'attaque et **reprendre la distance.**

Dani décide de bloquer cette attaque puissante sans lâcher de terrain et place sa cane en parade. La main libre en est en protection. Le **replacement** de jambe permet de changer l'angle et d'absorber.

Parade en amortissant l'impact avant que l'attaque ne prenne trop de puissance. Les pieds sont joints, genoux fléchis.
Dani **laisse glisser l'attaque** autour de sa cane, change de garde en contrôlant avec sa main libre pour prendre l'ascendant.

Prise d'espace et contrôle du bras armé. Attaque **directe à la gorge** en avançant tout en conservant le contrôle en « C ».

DÉCALAGE ARRIÈRE

Le décalage est un **changement d'axe** accompagné d'une **prise de distance**. Déplacer le pied arrière pour ajuster la défense vers **l'intérieur (A)** ou **l'extérieur (B)** en gardant l'arme devant. C'est une **défense sans danger** lorsque nous sommes en **retard sur l'attaque**. Par contre, en laissant du terrain à l'adversaire nous lui donnons un avantage de transition. Il faudra enchaîner plusieurs techniques pour équilibrer puis reprendre l'avantage stratégique dans le combat.

Attaque en uppercut ; Dani décale sa jambe en **diagonale arrière** pour annihiler le danger. Ce **décalage change l'angle** et la distance.

Dans le même temps Dani **coupe l'attaque** avec un angle perpendiculaire **sur le poignet** et place un **Abaniko vertical** sur le

rebond. Le blocage précédent casse le flot d'attaque de l'adversaire. Enchaînement d'une **frappe à la volée** en utilisant encore le **rebond sur l'impact**. La main libre prend l'espace. « Marcher » sur l'adversaire en engageant l'épaule pour mettre du poids dans la frappe finale.

DÉCALAGE AVANT

Le décalage avant est plus intéressant car il permet de **casser la dynamique d'attaque** et nous place en **position de contre-attaque** ou de **riposte**. Déplacer le pied avant vers **l'extérieur de sa propre garde (A)** ou a **l'intérieur** de sa propre garde **(B).** Ajuster la défense de manière à bloquer avant ou après le point d'impact visé par l'adversaire. En avançant nous **fermons les angles de frappe pour l'adversaire**. Attention à ne pas se jeter sur les coups de coude et les genoux de l'adversaire.

Sur une attaque en pique aux yeux, Dani **décale sa jambe avant** vers **l'extérieur** en frappant avec vitesse et puissance sur le poignet. Inutile de bloquer ; il suffit de modifier l'axe du combat.

Contre-attaque au visage en utilisant le rebond. Avancer sur sa défense pour sortir de l'axe en cassant la distance. Les deux temps sont quasi simultanés ; aucune ouverture.

Contrôle du coude et frappe à l'intérieur des genoux, sur les tendons et l'os pour plus de douleur. Dani profite du déséquilibre pour passer en corps à corps et frapper en dulo en conservant le contrôle du bras.

CINCO TIROS - DISTANCE MOYENNE

Cette forme est inspirée d'un système d'**Arnis classique**. Il est possible de faire des défenses *Avec* et *Contre* le flot de l'attaque. Ce travail a été fortement influencé par les techniques de combat au *bolo* (machette). Il faut donc clairement identifier les techniques de bâton (*Olisi*) versus les techniques d'arme de coupe (*Bolo/Itak*).

GM Mena utilisait cette approche pour enseigner les **5 premiers angles** du Doblete Rapilon. Dans ce module, nous allons essentiellement travailler en distance *medio* et *medio-corto* en gardant une grande **simplicité dans les techniques**.

C'est un système de combat, pratique, sans ornement. Nous retrouvons des combinaisons de ces 5 angles avec 3 schémas de frappes récurrents :
- Forme en "**X**" *(ekis)*
- Forme en "**+**" *(cruzada)*
- Forme en lettre "**V**" *(ou en inversant le V)*

Nous allons travailler sur des **parades** et des **blocages** simples et expérimenter les changements de distances avec une **forte implication de la main libre** dans des enchaînements *défense riposte* en parade ou en blocage. Avec 5 angles possibles et des trajectoires différentes sur chaque angle en fonction de la distance et du degré, nous pouvons ainsi faire l'expérience d'une situation de combat réaliste et développer la lecture des attaques en situation quasi réelle.

ANGLES DE DÉFENSE VS TECHNIQUES DE DÉFENSE

Dans ce début d'apprentissage, nous avons parfois tendance à nous focaliser sur une **technique de défense** pour protéger une **cible**. Or, pour défendre une cible, il faudrait attendre de pouvoir lire exactement quelle cible protéger. Par exemple, pratiquer des défenses sur frappe *circulaire au visage* demande :

   a. Soit d'attendre le dernier moment pour intervenir - Trop tard contre une arme.
   b. Soit d'anticiper et de prendre le risque de tomber dans une feinte.

Avec un bâton ou une lame, la **vitesse d'une attaque est décuplée**, ce qui rend le concept de technique de **défense sur une cible** absolument **impossible** et **irréaliste**. Une arme est beaucoup plus rapide qu'un poing et beaucoup moins lisible. Un changement de **1 cm** de l'angle de mon poignet va entraîner une incertitude de **10 cm** dans l'espace, donc une circonférence de **20 cm**... Sans même changer ma forme de frappe.

Afin de pratiquer en accord avec les concepts de combat de l'Arnis, nous devons absolument faire l'effort de **mettre cette notion aux oubliettes** et d'intégrer le **concept fondamental** des **Angles de Défense**. Pour être efficace, un art de combat doit s'appuyer sur des **principes complémentaires**, surtout lorsque nous combattons avec des armes blanches. Tous les principes de combat, les stratégies et les techniques à venir sont basés sur ce concept d'angle de défense.

LA MAIN LIBRE - BANTAY KAMAY

La **main libre** *(bantay kamay)* est indissociable des arts de combat philippins. Elle intervient pour **contrôler** et **lier** les défenses et les ripostes dès que la distance le permet. Elle est aussi utilisée pour se protéger du **retour de sa propre arme** sur un blocage, ou pour ralentir, arrêter ou **relancer l'arme** en fin de trajectoire.

Dans cet exemple Dani passe de la phase de parade à la riposte en utilisant sa main libre dès le début du mouvement. Noter que Été, lui aussi, garde sa main prête à intervenir.

EXPLORER LES ANGLES D'INTERVENTION

Pour chaque angle d'attaque, nous allons y opposer un angle de défense. Que ce soit un blocage, une parade ou une déviation, notre angle de défense correspond à **l'orientation de notre bâton** au **moment de l'impact**. C'est un concept crucial à intégrer dès le début de l'apprentissage. Une **mauvaise orientation** dans la défense va provoquer les conséquences suivantes :

- L'arme glisse vers la main avec des conséquences de blessure.
- L'arme rebondit vers notre visage, coude, genoux…
- L'attaque « passe au travers » de notre tentative de défense.
- L'impact est maximal, impossible à gérer.
- L'attaque nous submerge et la riposte devient quasi impossible.

Pour chaque angle d'attaque, nous allons mettre en application nos défenses en intégrant les **ajustements** à faire pour **augmenter** nos **probabilités de succès.**
- Formes de défense appropriées : Parade, blocage ou déviation ?
- Axe global de la défense en relation avec un déplacement.
- Moment de l'intervention - Hauteur de l'intervention.
- Orientation de l'arme de défense vs l'arme d'attaque.
- Angle de notre poignet, bras, épaule.

En début d'apprentissage, nous pouvons nous simplifier la vie en travaillant sur des angles « standards et prévisibles ». Lorsque nous sommes en confiance, nous intégrons les différentes trajectoires possibles sur chaque angle et cela devient vraiment un art de combat.

EXPLORER LES TRAJECTOIRES

La **trajectoire** est déterminée par la **conjonction de plusieurs éléments**, ce qui nous donne une multiplicité de possibilités à lire intuitivement.
- Le degré de l'angle d'attaque.
- La courbure de la trajectoire.
- La position spatiale respective des 2 protagonistes.
- Le type et la longueur des 2 armes en présence.
- Les données temporelles :
    c. La vitesse, le tempo, la cadence, le rythme
    d. Le déclenchement et l'accélération

L'apprentissage des trajectoires est un **processus graduel d'intériorisation** de notre expérience de combat. Cela demande de la pratique, de l'observation et la mise en situation d'incertitude. Nous devons apprendre à lire les trajectoires, en évitant de toujours travailler avec et contre des angles standards. Nous allons varier le degré des angles, les hauteurs, les cibles, les distances et le timing des attaques. La lecture des trajectoires est facilitée lorsque nous pratiquons des formes de combat libres ou des mises en application différentes. Ce n'est pas la technique qui fait la différence mais la façon de pratiquer. Dans ce sens, la pratique des Sinawali à deux, sous forme de « récitation » est une perte de temps et une aberration pour un objectif de combat car cela produit l'effet totalement inverse. En récitant, nous intégrons des « réflexes musculaires » qui sont de véritables pièges contre un pratiquant d'expérience dans un autre système de combat.

DÉFENSE « CONTRE » L'ATTAQUE

Aller contre l'attaque signifie **aller contre le flot** et **contre le mouvement général de l'attaque**. Certainement le **principe de défense** le plus naturel, le plus facile à appréhender. Pour aller *contre l'attaque* il suffit d'avoir un bon timing et une attitude positive, de la confiance et une bonne vitesse d'exécution. Il est possible de faire plusieurs formes de défense en utilisant ce principe : Parade, Blocage, Absorption et Déflexion. Ce n'est pas une forme de défense mais un **principe de défense.**

*Plusieurs formes d'application de ce **principe** de **défense contre le flot**.*

*Les principes **« avec »** et **« contre »** vont être étudiés avec chaque forme de défense.*

DEFENSE « AVEC » L'ATTAQUE

Cette fois nous allons aller **avec le flot** de l'attaque. Un principe de défense plus avancé qui permet d'**utiliser la dynamique** du combat à notre avantage pour surprendre, contrôler l'adversaire et imposer notre gestion du combat. C'est une bonne approche pour déstabiliser la stratégie de l'adversaire. Cette option demande une **lecture anticipée de l'attaque** pour pouvoir attendre le dernier moment et esquiver tout en contrôlant ou en déviant une frappe.

Aller « avec » ne signifie pas forcément absorber. Il est possible d'aller « avec » en avançant et « contre » en reculant.

Les **Absorptions** et les **Déviations** (ou déflexions) utilisent en priorité ce principe de **défense avec le flot**. Cependant il est possible de faire une **déviation contre le flot**.

DÉFENSE AVANT - PENDANT - APRÈS

Dans la dynamique d'une attaque, nous pouvons **intervenir à 3 moments de l'attaque** qui correspondent à un moment/position dans la trajectoire. Il est préférable d'éviter de placer notre défense au moment/position où l'impact est à son paroxysme. La qualité de lecture permet l'**anticipation** et nous donne accès aux 3 options. La position de départ, la distance et la qualité de nos déplacements vont déterminer nos probabilités de succès.

❋ **Pendant**, signifie « impact maximum ». La meilleure option est une **esquive**, un *dodge* avec l'arme en protection puis une **contre-attaque** dans le tempo. C'est une prise de risque maximum.

❋ **Avant**, signifie que notre lecture et notre distance permettent une intervention en début d'attaque, donc avant que l'arme n'atteigne son danger maximum. Nous allons fermer l'angle d'attaque et annihiler le danger de l'attaque. *Tuer le serpent dans l'œuf.*

❋ **Après,** correspond au moment où l'attaque **dépasse sa cible initiale** et que l'attaque **perd une partie de son potentiel destructeur**. Cela veut dire, bien entendu, que nous avons amoindri l'attaque par un déplacement ou un changement d'axe qui permet d'intervenir en fin de trajectoire.

Avant Pendant Après

TRAVAIL SUR CIBLE

Aux Philippines, nous utilisons deux types de cibles qui sont les pneus de voiture et les bananiers. Frapper sur un arbre est à déconseiller car c'est une agression sur la nature et l'impact revient avec des conséquences sur nos coudes et nos épaules. Utiliser un sac de frappes ne va pas durer très longtemps, à moins de protéger le sac de frappe avec un matériau qui permet d'éviter les coupures du bâton. Il est possible de recouvrir le sac de frappe avec une mousse compacte puis du rouleau adhésif de bricolage.

Avec le travail sur cible nous allons pouvoir **accumuler des sensations** et développer notre **savoir-faire** dans la réalité de la frappe, de l'impact et plus tard de la coupe.
- Mise en application des angles de frappe.
- Ajustement du degré des angles et des trajectoires.
- Prise de conscience des distances de frappe et des impacts.
- Position du corps à l'impact.
- Alignement de la chaîne poignet, coude, épaules.
- Travail sur l'explosivité et le déclenchement.
- Travail des frappes et des défenses en déplacement.
- Développement physique, cardio et résistance musculaire.
- Précision sur les cibles.
- Utilisation du rebond en blocage et riposte.

ÉCHANGES LIBRES SUR 1 ASSAUT

Le terme « *combat* » est souvent utilisé hors contexte dans les arts martiaux. Dans la pratique du Doblete Rapilon, nous préférons différencier plusieurs formes d'applications en partant d'un cadre déterminé avec un contrôle maximum vers plus de liberté et d'engagement :
1. Mise en application technique dans un cadre déterminé.
2. Échanges techniques, échanges libres.
3. Assaut sur 1, 2, 3 attaques ripostes puis assauts libres.
4. Application de défenses personnelles (cadre légal ou non).
5. Duel : Combat 1 contre 1, avec des règles déterminées.
6. Combat de Domination : Aucune limite autre que le choix de chaque combattant d'observer les règles d'engagement sociales.
7. Combat de Survie : Aucune règle.

Dans ce cadre, il est évident que notre apprentissage et notre pratique des arts martiaux tout en étant réaliste et engagée, voir parfois douloureuse, se placent dans un contexte d'étude de l'art martial avec des **partenaires de pratique** et que l'accent est mis sur le **contrôle des attaques** et de l'agressivité pour éviter les accidents tout en gardant le réalisme des techniques.

Il y a donc un juste équilibre, précaire parfois, à trouver. L'ADN de l'arnis Doblete Rapilon oriente notre pratique vers l'efficacité en combat donc le sérieux dans la pratique des échanges. Ce n'est **jamais un jeu**, ça devient « fun » par le plaisir de la pratique et la maîtrise du combat ou au travers des amitiés et des moments de partage.

Couché de soleil à Boracay

PROGRESSION C. ORANGE

DURÉ	2 à 3 Mois
OBJECTIFS	**EFFICACITÉ SUR ATTAQUES ET DÉFENSES SIMPLES**
LES ARMES	DOUBLE & SIMPLE BATON
LES ANGLES	**12** ANGLES DE BASE
DISTANCES	MEDIO-CORTO, MEDIO & **LARGO**
DÉFENSES	PARADE, BLOCAGE & **DEFLEXION**

- ☐ Concepts de combat en distance longue *(Largo)*
- ☐ Distances de sécurité & Zones de sécurité
- ☐ 12 angles d'attaque
- ☐ 5 Formes de frappes au bâton
  - ☐ Jab & Frappe en rebond (comme pour *Abaniko*)
  - ☐ Frappe lourde & Frappe en traversant
  - ☐ Frappe en déchirant avec le bout du bâton
  - ☐ Frappe en pique (estoc)
  - ☐ Frappe en coup de poing & Frappe du dulo (talon)
- ☐ Défense en Déviation (déflexion)
- ☐ Effacements & Faire le vide
- ☐ Les phases de combat : Avancée - Retraite - Prise de Position
- ☐ *Arnis de salon* - Travail en distance courte ; parades et contres
- ☐ *Arnis de Campo* - Puissance longue distance (*mano larga*)
- ☐ Parades et Blocage en croix
- ☐ Défense et Riposte sur 1 ou 2 attaques, puis libre
- ☐ Échanges libres sur 2 puis 3 assauts sans interruption

CONCEPTS DE COMBAT - LARGO

La distance de combat **Largo** traduit les conditions de combat à distance longue, c'est-à-dire lorsque l'attaquant doit faire un grand pas pour pouvoir atteindre son adversaire. Certains systèmes comme « *Larga Mano* », la *longue main,* se focalisent essentiellement sur cette distance de combat en raison des armes de prédilection comme une canne de combat plus longue, le bâton long *(Tapado)*, un *bolo* ou un bâton lourd qui demandent tous une mise en mouvement préalable. En **Doblete Rapilon**, lorsque nous utilisons des enchaînements de combat et des « bottes spéciales », nous partons de cette distance pour lancer les premières attaques, avant de nous approcher ou de laisser l'adversaire venir dans une autre distance.

En distance *largo*, nous pouvons appliquer une grande force dans l'**attaque** et de la variété dans les angles qui deviennent plus ouverts en raison de la place entre les deux adversaires. Les trajectoires peuvent être ajustées et modulées entre le lancement de l'attaque et la fin de la trajectoire.

Pour **défendre** à cette distance, il est nécessaire d'utiliser une grande variété de déplacements et de garder en tête que nous pouvons intervenir aux 3 moments de l'attaque **Avant-Pendant-Après**. La **parade est impossible** en raison de la lourdeur et de l'amplitude des attaques. Le **blocage est possible** à condition d'intervenir en début de trajectoire et **uniquement sur la main**. Les **déviations sont efficaces** et possibles aux 3 moments de la trajectoire. Impossible de désarmer en première intention, il faudra utiliser une transition.

LES ZONES DE SÉCURITÉ

Dans le courant une rivière se forme des zones de *contre-courant* que l'on appelle « *Eddie* ». Dans le combat nous allons toujours prendre position dans ces zones stratégiques ; **comme sur un échiquier**.

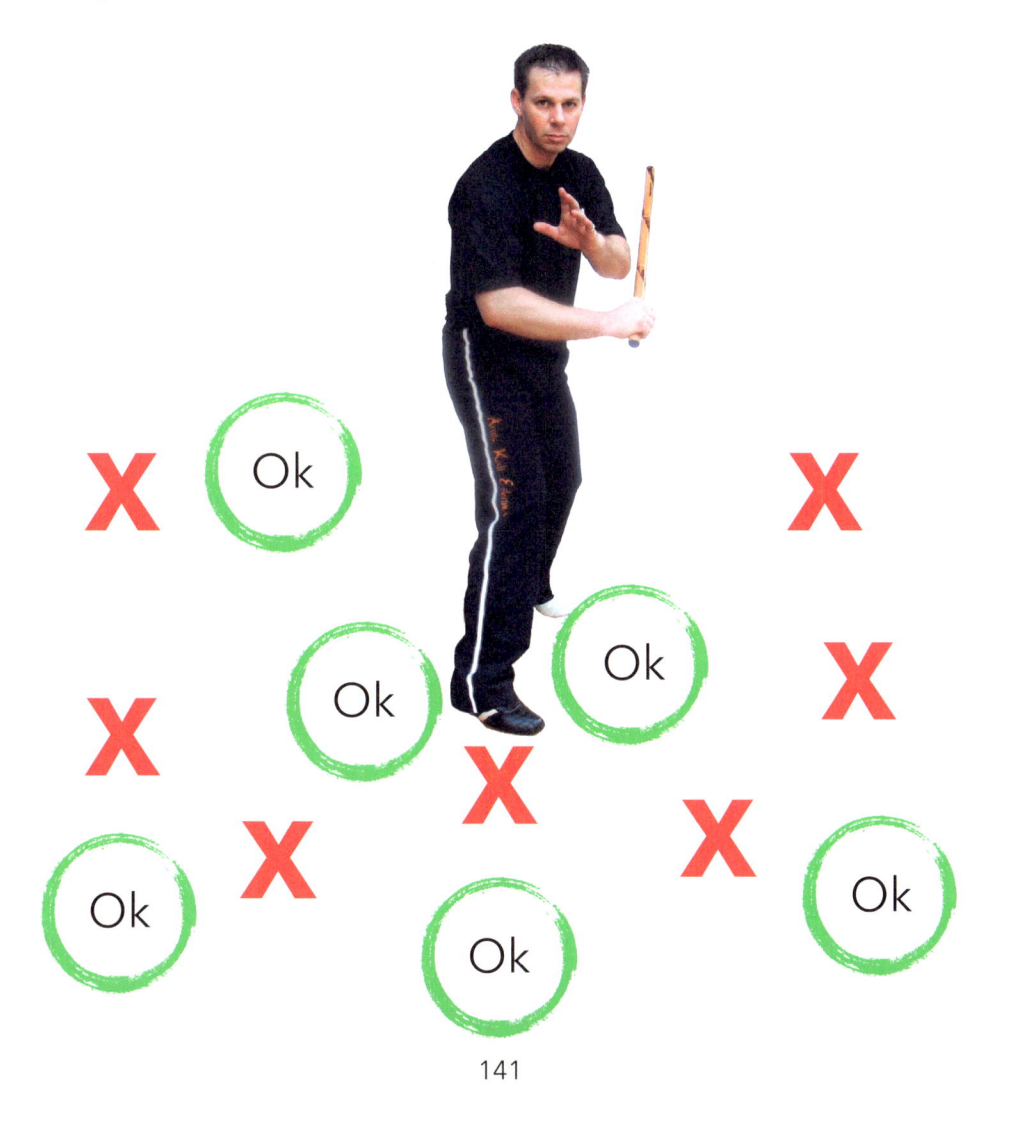

12 ANGLES D'ATTAQUE & DE DÉFENSE

Comme beaucoup de systèmes d'Arnis, le Doblete Rapilon identifie 12 angles de base *(Abecedario ou Numerado)*. Encore une fois, il est fondamental de toujours séparer les notions **d'angle** et de **cible** car s'il est possible d'attaquer une cible, on ne peut défendre contre un **angle d'attaque** qu'avec un **angle de défense approprié**. Les angles peuvent varier en fonction des écoles, de même que les numéros associés.

Nous allons apprendre à défendre sur des angles "standards" en début d'apprentissage puis laisser une plus grande liberté pour changer le degré des angles et les hauteurs de cible. Ensuite seulement, nous allons aborder la lecture des trajectoires.

La notion de trajectoire amène forcément des notions temporelles qui vont affecter grandement notre capacité à défendre sur un angle donné. Sur une attaque, les notions temporelles sont :
- La vitesse de l'attaque
- Le tempo de l'attaque (accélération & décélération)
- Le rythme de la phase d'attaque (armer, déclencher, ressortir)

Les données temporelles sont visibles lorsque les deux combattants sont en mouvement. Il est primordial d'éviter de pratiquer ces angles avec un départ face à face en position statique. Il est préférable de se mettre en mouvement et d'attaquer lorsque la distance et les positions respectives sont adéquates. Cette forme de pratique va permettre de développer la lecture des distances et des indices de déclenchement.

12 ANGLES DU DOBLETE RAPILON

Cette première série d'angle (12) est utilisée pour toutes les attaques et défenses. Certains angles sont plus adaptés aux armes de coupe. Sur un même angle, la cible peut changer en fonction des **positions respectives** des protagonistes et de la **hauteur** de la garde, de la **taille des combattants** et du degré de l'**angle d'attaque** plus ou moins ouvert/fermé. La distance, la position du corps et la position relative des 2 adversaires en mouvement déterminent le plan et la profondeur de l'attaque et le choix de la garde. Cette série permet d'enchaîner les angles dans un flot dynamique.

1	Vertical Haut > Bas	Tête - Bras - Main - Clavicule
2	Diagonal Descendant de Revers	Axe Clavicule > Hanche Opposée
3	Horizontal Circulaire	Tête - Côtes - Coude - Main - Genoux
4	Horizontal Circulaire de Revers	Tête - Côtes - Coude - Main - Genoux
5	Pique Horizontale Axiale	Plexus *(Garder le coude au corps)*
6	Circulaire de Pique	Gorge - Visage *(Enchaîner 6 et 6B)*
6B	Circulaire de Frappe	Tempe *(Enrouler autour du cou)*
7	Slash/Coupe Horizontal de Revers	Visage - Cou - Côtes - Main - Genoux
10	Uppercut Direct	Axe Genoux > Oreille Opposée
8	Uppercut de Revers *(Gauche à Droite)*	Axe Genoux > Oreille Opposée
9	Pique Axiale Descendante	Coeur - Plexus - Pelvis
12	Pique Diagonale Inversée	Yeux - Bouche - Gorge
11	Pique Diagonale Descendante	Yeux - Bouche - Gorge

FRAPPE EN RESSORT - WITIK

C'est un « jab », un coup fouetté circulaire, très rapide qui ne demande pas une grande préparation et sera très difficile à parer ou à contrer. De nombreux jabs sont intégrés dans les enchaînements du Doblete Rapilon ou en première phase de contre-attaque, ou parfois pour changer le rythme dans une série.

1. Main en protection.
2. Épaules descendues et décontractées, légère tension.
3. Déclenchement explosif à partir du poignet avec une rotation des hanches pour mobiliser le corps.

1. Transfert de poids vers l'avant.
2. Action fouettée du poignet.
3. Coude au corps, main en protection.
4. Le bout du bâton fouette et revient.
5. Hanches en tension pour ramener l'arme.

1. Control du retour à partir des doigts puis du poignet.
2. Transfert du poids vers l'arrière.
3. Le bâton revient comme un ressort, prêt à frapper de nouveau.

LOBTIK - TODO HAMPAS

Une frappe avec **vitesse** et **puissance** qui continue sa course jusqu'à la fin sans s'arrêter au point d'impact, ni sur la cane de votre adversaire. Il est important de mettre beaucoup de poids à l'impact et de la vitesse dès le début du mouvement, sans pour autant armer exagérément sa frappe et sans faire d'appel. Attention car c'est aussi la frappe la plus facile à bloquer. Chercher à toucher avec le corps de votre cane pour avoir une sécurité si l'adversaire esquive.

1. Enclencher la frappe avec les doigts puis et le poignet.
2. Suivre avec les hanches.
3. Garder la main en protection.
4. Coude au corps.

1. Descendre l'épaule vers l'avant.
2. La main garde l'espace.
3. Coude serré et compressé au corps.
4. Compresser le bâton à l'impact.
5. Bascule du poids sur la jambe avant.

1. Continuer la frappe, ignorer la cible.
2. Relâcher le poignet sur la fin.
3. La liaison épaule coude traverse la frappe.
4. Garder l'épaule basse, en tension pour la prochaine frappe.

FRAPPE AVEC LE BOUT DU BÂTON

Il s'agit de « **mordre la chaire** », de blesser l'adversaire en frappant avec le bout du bâton dans un mouvement circulaire sans arrêter la frappe à l'impact. Ce genre de frappe est particulièrement efficace sur la main, les flancs, les côtes ou les genoux et le coude, voir la gorge. La grande vitesse de percussion et la distance longue permettent des dégâts importants sans prendre de risques. C'est donc une bonne technique de début de combat. Le style *Larga Mano* utilise cette forme de frappe en priorité. Son origine se trouve dans les armes de coupe.

1. Tourner les hanches pour mettre de la vitesse dans la frappe.
2. Transfert de poids vers l'avant.
3. Prise forte sans casser le poignet.

1. Frappe avec le bout du bâton.
2. Mobiliser épaule, bras et avant-bras
3. Prise ferme à l'impact sans crispation.
4. Ne jamais engager toute notre intention dans la frappe : Main libre en alerte.

PIQUE DE LA POINTE - PATUHOG

Réalisée avec puissance sur une zone fragile (cœur, yeux, gorge, plexus) cette frappe peut être efficace car difficile à bloquer. Déplacer le poids du corps vers le point d'impact de manière à percuter avec plus de puissance. La vitesse est secondaire dans cette technique. On attaque de cette façon les zones vitales pour créer un réflexe inhibiteur et créer du chaos et du désordre dans la structure défensive de l'adversaire.

1. Partir d'une position compacte, coudes connectés au corps
2. Mobiliser les hanches et les muscles fessiers.
3. Le dos et les épaules « poussent » en direction de la cible.
4. Contrôler précisément l'angle d'attaque dans un angle mort difficile à lire (notamment en dirigeant la pointe de l'arme vers les yeux de l'adversaire).

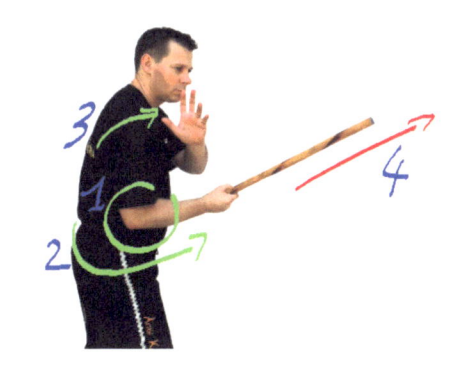

1. Transfert du poids vers l'avant
2. Déplier le bras, coude à l'intérieur
3. Poids jambe avant, vers le sol.
4. Toute la force vient du dos.
5. Précision, précision !

FRAPPE DU TALON - **DULO NANG OLISI**

Le talon de l'arme intervient en **distance courte** ou au corps à corps, lorsqu'il n'y a plus d'espace et surtout moins d'angles de frappe. Attention à **déclencher les frappes** du dulo **sans armer**, mais en partant de la position initiale au moment de la défense. Pour compliquer la défense de l'adversaire, changer l'angle de frappe avec une rotation du poignet vers l'intérieur ou l'extérieur au dernier moment.

1. Déclencher la frappe à partir de la position initiale (défense ou garde)
2. Transfert du poids, épaules vers l'avant.
3. Dans cet exemple, frappe descendante pour combiner poids, puissance et vitesse.

1. Faire glisser l'arme en suivant la ligne d'attaque.
2. Garder suffisamment de longueur dans la prise d'arme.
3. La main reste en protection, d'autant plus en raison de la courte distance.

SUNTOK KAMAO - FRAPPE COUP DE POING

Frappe directe sans préparation qui s'enchaîne et rebondit sur l'attaque grâce à une parade dynamique. Très efficace à courte distance. Frapper avec la canne (proche de la garde) ou avec le poing fermé pour percuter soit le visage (gorge, menton, tempes, arcades) soit le corps (plexus, foie, pancréas). Il est possible de faire ressortir le majeur en « poing démon » pour attaquer les yeux, la gorge, sous le nez ou pour casser le sternum. Il est aussi possible de frapper avec le *dulo* de cette façon, avec une rotation du poignet pour faire « sortir » le talon de l'arme.

1. Lancer l'attaque à partir d'une position détendue, sans « casser » le poignet.
2. La main libre reste en place
3. Épaules basses.
4. Transfert de poids vers l'avant pour exploser dans la technique.

1. Pivot des épaules pour amplifier l'allonge.
2. Bras détendu - Suivre une ligne de courbe naturelle.
3. Impact avec la partie de la cane proche de la main ou avec le talon. Frappe avec le premier tiers de la

①

②

*Canne de combat, proche de la garde. À pratiquer sous la forme d'un **jab** ou en **frappe d'arrêt** au visage et sur la main. Il est possible d'enchaîner plusieurs frappes en ressort sur 2 ou 3 hauteurs (Tres Andanas ou En Table).*

DÉVIATION - DÉFLEXION

Une défense qui demande une lecture précise de l'angle et de la trajectoire mais aussi du timing. **Déplacement**, **déviation** et **riposte** dans le même mouvement. Possible à toutes les distances et à tous les moments de l'attaque : Avant, pendant et après.

EFFACEMENT

Il s'agit d'une **esquive accompagnée d'un déplacement** pour **sortir de l'axe d'attaque**. Il existe des **effacements avant** (intérieur et extérieur), effacements **latéraux**, **arrières** ou **circulaires**. Il est important de toujours **combiner plusieurs éléments**, par exemple : *Intérieur avant et circulaire*. La défense en **parade** est **inadaptée** sur un effacement, puisque le but est de sortir de l'angle d'attaque. En distance courte, nous manquerons de place et de temps pour un effacement. Sur *Medio-corto* et *Largo*, l'effacement est très efficace car il permet de *prendre un coup d'avance.* Dans ce cas, le blocage sur la main devient une **contre-attaque** plus qu'une défense.

*Attaque en revers. Dani anticipe la trajectoire et **s'efface** sur **l'extérieur** en baissant son centre de gravité. Notez que grâce à ce déplacement, l'attaque a perdu tout son venin. Blocage douloureux qui **annihile** la possibilité d'une **seconde frappe**.*

*Dani **contrôle la main** armée et frappe simultanément au visage en **Suntak Kamao** (frappe en coup de poing).*

Seconde frappe** à la **malléole** en abaissant le centre de gravité pour exploser sur la frappe. Notez **le contrôle de la main.

FAIRE LE VIDE

C'est une autre forme d'esquive qui **utilise le déplacement de l'adversaire** pour « rentrer » dans un espace libre. Déplacer la jambe libre (celle du côté opposé à l'arme) pour bloquer ou contrer (vers l'avant) et pour bloquer (vers l'arrière). Ce déplacement est possible avec les gardes *Abierta* et *Serada*, même si une garde inversée permet plus d'explosivités et d'imprévisibilité. **Aspirer l'adversaire** dans sa propre distance pour contrer avec vitesse et puissance. Garder en tête l'image de **s'engouffrer dans une ouverture**, dans un espace libre.

Sortie de l'axe en avançant et en abaissant le centre de gravité. Attendre le dernier moment pour **s'engouffrer dans l'espace** *et contrer sur la main : C'est une frappe plus qu'un blocage.*

Enchaîner en frappant sur le tibia. Il ne reste plus qu'à **casser la distance sur un pas** *et envoyer une série de frappes. Vitesse, puissance et timing font la différence. Position sur la* **même ligne d'épaule** *que l'adversaire.*

Le meilleur **spot de sécurité**. *Nous avons plusieurs cibles ouvertes. Frappe avec le talon de l'arme sous l'omoplate. Dans cette zone il est possible d'engager un étranglement au bâton.*

RETRAITE

*Transformer la **fuite** en **retraite stratégique** !*

Nous pouvons décider de reculer pour éviter de céder sous la pression. Il s'agit d'accepter de **céder du terrain** sur une attaque de l'adversaire **sans toutefois se découvrir**. Procéder avec des **petits pas glissés** tout en continuant à frapper ou à parer. Dans ce mouvement stratégique nous pouvons aspirer l'adversaire pour contre-attaquer et changer le cours du combat.

Ce mouvement demande de la pratique pour associer des frappes tout en reculant ; pour être capable d'infliger des dégâts lorsque l'adversaire tombe dans un excès de confiance. La retraite est souvent utilisée comme une **manœuvre stratégique** et comme une feinte. Dans l'exemple page opposée, la retraite permet de « happer » l'adversaire et de riposter à contretemps.

| 1 | 2 | 3 |

Attaque de revers.

*Dani amorce une **retraite**. Recule de la jambe avant en laissant son adversaire entrer dans sa garde tout en contrôlant la frappe.*

Été continue son assaut et enchaîne une seconde frappe.

*Dani se contente de contrôler la distance et **attend l'ouverture**.*

*Dani remet son poids sur sa jambe avant, ce qui place Été dans une « fausse distance » et **frappe sa main** sur le **contretemps**. L'efficacité réside dans le changement de **distance** et de **cadence**.*

AVANCÉE - PRISE DE GARDE

Garder l'arme sur la jambe avant et **avancer en pas glissés** pour **mettre de la pression** sur l'adversaire en ajustant ou en changeant la distance en fonction du besoin avec des petits pas. Il est plus facile d'enclencher une série d'attaques en avançant tout en restant cependant très **attentifs aux contre-attaques**. L'adversaire est parfois un *Eskrimador* de grande qualité ; même si c'est à lui de le prouver.

*Dani anticipe l'attaque et **entre dans la distance** de Sandro. Notez le pas glissé en poussant sur la jambe arrière. Dani est encore en train de lire l'attaque et peut ainsi changer sa défense si besoin.*

*Dani défend **dans le sens** de l'attaque pour **rentrer dans la garde** de l'adversaire. Le contre est déjà armé. Riposte en circulaire aux côtes en poussant la main armée vers l'extérieur. La jambe arrière se rapproche.*

*Dani relâche son poignet et laisse son bâton rebondir sur sa nuque pour accélérer sa frappe. Le **mouvement vers l'avant** continue **jusqu'à la frappe finale.** Un mouvement unique, aucune coupure.*

ARNIS DE SALON

Arnis de Salon est une terminologie pour décrire un système de combat en « *intérieur* », dans un espace restreint qui nous limite aux distances *Corto* et *Medio-corto*. L'*Arnis de Salon* est caractérisé par les éléments ci-dessous.

- Solo Baston, Solo Daga.
- Doble Baston, Doble Daga.
- Bolo court.
- Vitesse et explosivité.
- Déplacement minimum par manque d'espace.
- Parade et Blocage.
- Importance de la main libre.
- Richesse technique en distance courte.
- Désarmement, Ipit-ipit, étranglement, clés sur les articulations.
- Prise d'arme haute pour pouvoir crocheter - Changement de prise en cours de combat.

Dans l'école Doblete Rapilon, pour l'étude de l'*Arnis de Salon*, GM Mena insistait sur le travail de **parade riposte** avec des **mouvements rotatifs de replacement**. L'apprentissage de cette forme est finalisé sur 3 étapes :

- Mémorisation d'un enchaînement classique préétabli.
- Mémorisation et pratique du même enchaînement à deux en attaque défense.
- Travail libre dans cette forme de travail.

ARNIS DE CAMPO

Arnis de Campo est une terminologie pour décrire un système de combat en **contraste** du concept de **Arnis de Salon**. La plupart des systèmes de cette famille partagent les caractéristiques suivantes :

- Solo & Doble Baston.
- Bolo, Kamagong/Bahe Olisi, Tapado (bâton long).
- Origine dans les techniques de Bolo et les armes lourdes.
- Frappes en distance longue : Puissance, force et amplitude.
- Blocages puissants sur la main en début de trajectoire.
- Déviations sur l'arme et défenses en « coupe ».
- Beaucoup de déplacements et d'esquives.
- Focus sur les techniques d'attaque plus que sur les défenses.
- Prise d'arme en bout pour augmenter l'allonge, faire tourbillonner l'arme ou doubler les frappes *(doblete)*.

Le **Doblete Rapilon Mena Style** du **Professeur Patricio Mena** était basé sur un **travail à plusieurs distances** qui intégrait déjà les formes d'**Arnis de salon** et **Arnis de campo** pour pouvoir passer d'une distance à une autre quelles que soient les armes de l'adversaire. La distance longue étant toujours la **distance de début du combat**. Dans cette optique la prise d'arme était adaptée à la distance et pouvait changer dans le combat si besoin.

Une attention particulière doit être donnée à la phase d'**entrée** puis la **sortie** de la zone de frappe. Frapper systématiquement lors des sorties pour occuper l'espace et pour arrêter la volonté de contre-attaque ou de riposte de l'adversaire.

PARADE ET BLOCAGES EN CROIX

Le blocage en « croix » est particulièrement utile lorsque nous combattons avec **2 armes contre 1 arme** car c'est une défense très sûre avec un taux de réussite de 90 %. Nous pouvons alors engager une riposte avec une probabilité de succès très haute.

Par contre, lorsque l'adversaire a lui aussi **2 armes en main** c'est une **option** plus **risquée.** Mobiliser deux armes pour bloquer alors que l'adversaire peut frapper avec un léger décalage de sa seconde arme, nous expose au risque d'une riposte ou d'une contre-attaque avec moins d'options de défense de notre part ; à moins d'anticiper.

Sur une **parade en croix**, nous allons veiller à intégrer une esquive rotative sur attaque directe et esquive linéaire sur attaque circulaire.
Sur un **blocage en croix**, il est crucial de le faire sur la main ou proche de la garde de l'adversaire en intégrant un changement d'axe pour ajouter de la sécurité et ainsi libérer de l'espace pour une riposte.
Attention à la *qualité de main* pour **amortir l'impac**t et éviter que l'adversaire ne rebondisse sur la parade (ou le blocage). Dans les deux cas nous pouvons enchaîner sur une déviation après impact.
La **riposte** se fait dans le même mouvement, sans temps de pose et uniquement avec l'arme la plus proche d'une cible potentielle, tandis que l'autre arme reste en contact. La **cible préférentielle** est **la main** pour supprimer une force de frappe. Les frappes sont déclenchées sans armer : En rotation de poignet (abaniko) ou avec une frappe glissée sur la main de garde.

Dans ce cas nous sommes Doble Baston vs Doble Baston. **Blocage en croix** sans totalement engager le second bâton afin de garder une option pour éventuellement bloquer une seconde attaque ou riposter.

Dani choisit la **riposte** dans le temps vers le visage pour mettre Été sur le recul. Noter que la seconde attaque de Été part déjà.

Dani fait une **parade sur la seconde attaque** (avec sa main gauche) tout en gardant le bâton droit dirigé vers l'adversaire pour limiter son engagement.

Dani enchaîne alors une **contre-attaque** avec pique à la gorge avant de continuer avec une série de frappes finales.

MISE EN APPLICATION

À ce stade, nous avons suffisamment d'éléments et de contrôle pour aborder des formes de pratiques **plus libres** et **plus dynamiques**. Comme pour la musique, nous allons nous focaliser sur la mise en application et éviter de nous cantonner dans le confort des exercices pour les exercices. Nous avons 2 modules à couvrir. Il est fondamental, dès le départ de prendre de bonnes habitudes :

- Rester en mouvement/ déplacement avant de lancer l'attaque.
- Travailler *Abierta* et *Serada* pour attaquer et défendre.
- Attaques spontanées sans appel.
- Adapter vitesse et variété des attaques en fonction des niveaux.

DÉFENSE & RIPOSTE 1 - 2 - LIBRE

Attention à ne pas confondre une « riposte » avec une "contre-attaque". Ce point est étudié plus tard.
1. Attaque du Pratiquant 1 (P1)
2. Défense du Pratiquant 2 (P2)
3. Contrôle et Riposte de P2

ÉCHANGES LIBRES - 2 puis 3 & 4 ASSAUTS

C'est un travail plus spontané qui demande décontraction et attention (dans cet ordre). Commencer en limitant le nombre d'assauts pour reprendre le contrôle technique et émotionnel. À ce stade, nous intégrons la contre-attaque et une alternance des rôles (attaquant et défenseur) dans le combat. Ce passage est une transition. Parfois il est possible de contre-attaquer sans passer par la phase de défense.

Sur une attaque de revers, Dani **bloque avec puissance près de la garde** *pour dévier et sortir la cane vers son extérieur et rentrer dans la garde de Été.*

Dani réduit la distance et sa main libre déplace la main armée de l'adversaire pour fermer l'angle d'attaque de l'adversaire et ouvrir son propre angle de frappe.

Noter le contrôle précis de la frappe, même si Été doit reculer la tête par réflexe. La main libre reste en contact pour enchaîner des frappes ou désarmer.

En confiance. Fun time !

LA PHASE DE TRANSITION

La phase de découverte se termine avec le passage de la ceinture verte qui correspond au moment où le pratiquant a acquis suffisamment de maîtrise, de confiance et de langage martial pour pratiquer par lui-même, sans danger.

À ce moment de notre progression, il est temps d'intégrer des concepts plus complexes et des perspectives de combat complémentaires. Le pratiquant est capable de gérer des formes de combat plus libres. Nous allons rajouter des armes supplémentaires ; notamment le couteau, en commençant par des armes d'entraînement avant d'intégrer progressivement les « lames vivantes » pour nous habituer à la notion de danger et de contrôle.

Cette phase demande, un bon niveau de maîtrise émotionnelle ainsi qu'une lecture plus précise des angles d'attaque et des distances. Les modules précédents préparent le pratiquant à être à l'aise dans les applications de combat.

À la fin de cette phase, nous allons préparer l'intégration du combat en « corps à corps » (mano-mano) qui est la dernière distance à étudier pour aborder le combat à mains nues contre arme. C'est aussi le moment de découvrir les principes spécifiques du système Doblete Rapilon lui-même.

Suivre le flot, profiter du moment.

PROGRESSION C. VERTE

DURÉ	3 à 4 Mois
OBJECTIFS	**INTÉGRATION DES CONCEPTS ET PRINCIPES DE BASE**
LES ARMES	1 &2 BATONS - **COUTEAU D'ENTRAINEMENT**
LES ANGLES	12 ANGLES DE BASE & **VARIATION DE HAUTEUR**
DISTANCES	**MANO-MANO, CORTO**, MEDIO-CORTO, MEDIO, LARGO
DÉFENSES	PARADE, BLOCAGE, DEFLEXION, **ABSORPTION**

- ❏ Concepts de combat en distance courte *(corto)*
- ❏ Défense en Absorption
- ❏ L'utilisation de la main en « C »
- ❏ Explorer les blocages sur la main
- ❏ Désarmement au bâton
- ❏ Les prises d'arme au couteau : *Classique* ou *Inversée* ou *Stylo*
- ❏ Les angles et trajectoires au couteau
- ❏ Les cibles privilégiées au couteau
- ❏ 3 formes de coupe au couteau : *Coupe Classique - Jab - Pointe*
- ❏ 2 formes d'estoc au couteau : *Direct Classic - Jab de pointe*
- ❏ Défense double bâton contre couteau
- ❏ Défense simple bâton contre couteau
- ❏ Combat libre avec contrôle (simple et double bâton)
- ❏ 2 prises d'arme au bâton : Médiane & inversée *(susi)*
- ❏ Attaques et Défenses *Solo Dulo* vs *Solo Dulo*

CONCEPTS DE COMBAT - CORTO

Le travail en distance courte demande une bonne **coordination** de la **main libre** qui va intervenir sur toutes les frappes et défenses. À distance courte, les frappes sont relativement moins puissantes mais elles arrivent plus vite.

En défense, il est préférable de faire des blocages pour ne pas subir une série d'attaques. Cependant les parades fonctionnent très bien. Des **esquives courtes** avec une **rotation sur notre axe central** permettent de riposter dans le temps. À cette distance nous avons une grande palette d'options pour les ripostes :

- Blocages, parades, absorptions.
- Frappes avec le milieu de la cane.
- Frappes du dulo, frappe en coup de poing.
- Ipit-Ipit (blocage des doigts).
- Désarmements et Etranglements au bâton.

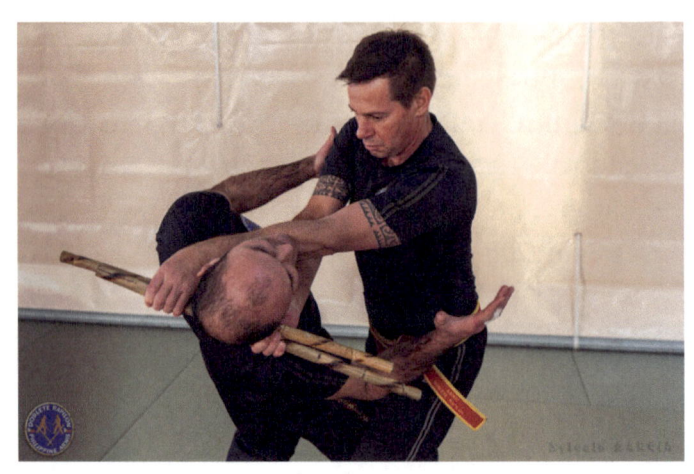

Récupérer son bâton puis étranglement à deux bâtons sur mon ami, Master Francois Guerrieri.

CONTRÔLE & ABSORPTION

Amortir l'attaque en **accompagnant le mouvement** avec confiance. Focus sur la **lecture**, la vitesse de **déplacement**, le **timing** et la précision. La **qualité de main** fait la différence ; il faut aller « *avec le flot* » avec une contraction des doigts à l'impact, puis relâcher le poignet pour laisser la canne absorber les vibrations et enchaîner les ripostes dans le temps. C'est un mouvement en sensation.

UTILISATION DE LA MAIN EN « C »

Par principe, nous considérons que l'adversaire va **lancer une série** d'attaques, jamais une attaque isolée. Le **réflexe naturel** serait de vouloir **attraper et tenir la main** de son agresseur/adversaire. Dans la pratique, c'est la chose à **surtout éviter** pour 4 raisons :

- La main devient un point d'ancrage pour l'adversaire qui va s'appuyer dessus pour nous déstabiliser.
- La main qui tient devient indisponible pour faire autre chose.
- L'énergie est focalisée et nous entrons en tension et crispation.
- Perte de lucidité en conséquence.

Par contre, nous allons utiliser notre **main libre** pour **contrôler le bras qui tient l'arme**. Il suffit de changer de concept et au lieu de se focaliser sur l'arme de l'adversaire nous allons contrôler l'angle d'attaque possible et fermer les options en « guidant » le bras de l'adversaire avec l'utilisation de la main ouverte qui forme la lettre « C », comme une fourche qui va **suivre** puis **amplifier l'action de l'adversaire** pour **dévier** son énergie et **placer notre défense** en conséquence. Nous retrouvons le concept de « souplesse » *(jiu)* utilisé en *Ju-Jitsu* et *Judo* pour utiliser la force de l'adversaire.

Le travail de la main en « C » est similaire au travail des mains collantes en *Taiji Quan* par exemple. Il faut absolument **conserver le contact** et coller au bras de l'adversaire. Il est crucial d'appliquer suffisamment de pression pour contrôler son bras mais surtout ne pas s'appuyer sur l'adversaire qui pourrait éventuellement placer un déséquilibre. Garder un champ de vision large et une conscience de la globalité de l'espace de combat. **Ne pas regarder mais voir**.

Dans la main en "C" le pouce, l'auriculaire et l'annulaire interviennent en **supination** (photo du haut) alors que le pouce, l'index et le majeur vont guider la technique en **pronation** (photo du bas). Pour changer de sens, il suffit de passer d'une prise à l'autre sans perdre le contact.

BLOQUER SUR LA MAIN

Que ce soit **contre un bâton** ou **contre une arme de coupe**, le **blocage** ne doit se faire **QUE sur la main** ou sur le **poignet**. Dans sa forme d'**entraînement**, le blocage se fait sur le bâton mais dans la **zone des 20 puis 10 cm proches de la garde** de l'adversaire. Attention à ne pas faire glisser le bâton à la manière d'un bolo ; c'est complètement inefficace avec un bâton.

Pour vérifier la qualité et la précision des blocages, il suffit d'examiner l'état de la cane de combat. Si l'impact se trouve sur la partie haute et que le rotin part en lambeau... Il y a des ajustements à faire. Urgent !

Avec un bâton, le blocage est une **frappe sur la main** qui peut s'effectuer de plusieurs manières qu'il convient de pratiquer.
- Blocage « contre le flot », sur la main en percussion.
- Blocage « avec le flot », en glissant vers la main après impact.
- Défense en « interception », en ciblant la main sans blocage

Avec une arme de coupe, bloquer en mettant la lame ou la pointe en opposition ou plonger la lame dans l'articulation de l'épaule. Il est possible de bloquer avec une coupe sur la base du biceps ou sur les tendons du poignet (intérieur ou extérieur). Avec un bolo, le blocage peut se faire sous la forme d'une coupe ou d'un « chop ».

** Avec un bâton, couper une attaque n'est pas un blocage mais une déflexion (déviation). Avec une lame c'est un blocage. Ces subtilités sont étudiées plus tard dans la progression à partir de la ceinture noire.

Blocage en **frappant sur les doigts** avec une cane de combat. Avec suffisamment de force, l'adversaire va avoir du mal à garder sa prise en raison de la **douleur** mais aussi du **choc**.

Blocage en **coupe d'opposition** sur les tendons du poignet. Le mouvement est très rapide et GM Mena va enchaîner avec une déviation. Noter la main libre de GM Mena placée derrière son propre couteau.

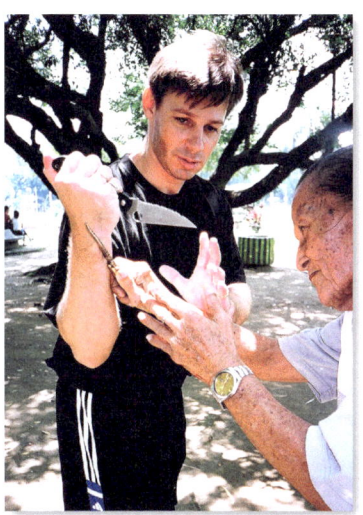

Blocage sur l'intérieur avec le **plat de la lame** dans un mouvement court d'uppercut. La lame du Kriss va percuter sa garde et rebondir pour une riposte en passant derrière sa garde.

DÉSARMEMENT AU BÂTON

Le désarmement est la **conséquence d'une défense de qualité** avec un **timing de qualité**. Vouloir "placer" un désarmement n'est pas réaliste dans un combat libre et contre un pratiquant de bon niveau. Le choix du désarmement est donné par le flot du combat et les réactions de l'adversaire : C'est une **opportunité qui se présente**, parfois qui s'impose.

Dans ce module, il ne s'agit pas de désarmement à mains nues. Nous allons **utiliser le bâton pour désarmer**. Il existe plusieurs types de désarmements.

- Suite à une mise hors combat de l'adversaire : Incapacité.
- Suite à une frappe violente sur la cane de l'adversaire.
- Suite à une frappe violente sur la main.
- Désarmer en crochetant avec le "dulo".
- Désarmer après *pincement des doigts (Ipit-Ipit)*
- Désarmer à partir d'une torsion du bras ou du poignet.
- Désarmer à partir d'un levier sur le bras de l'adversaire.
- Désarmer en utilisant le bâton de l'adversaire.

Attention :
En Doblete Rapilon, nous allons toujours considérer un bâton comme un bâton ; jamais travailler des techniques de machette/ bolo avec un bâton pour "représenter" une arme de coupe. Les désarmements au bâton ne sont pas toujours adaptés aux armes de coupe qui ont leurs propres techniques de désarmement.

GM Mena démontre un désarmement au Solo Baston. Blocage douloureux sur l'os du poignet qui arrête la frappe avec un léger recul réflexe.

GM Mena engage sa cane vers l'intérieur en appui sur le poignet de Dani. Noter l'axe de défense qui ne donne pas d'ouverture.

Dégagement de l'arme en faisant levier sur le poignet.

GM Mena frappe uppercut à la gorge. L'adversaire ne peut pas reprendre son arme.

LES PRISES D'ARME AU COUTEAU

Il existe 3 façons de prendre une arme en main et cela va conditionner la stratégie du combat ; mais aussi les angles, les trajectoires et les techniques disponibles. Quelle que soit la prise :
- Notre propre arme est aussi un danger pour nous-même.
- Garder la lame et la pointe dirigée vers l'adversaire.
- Prise ferme et décontractée, poignet relâché.
- Bloquer avec le pouce pour éviter que l'arme ne glisse (impact)
- Privilégier la vitesse à la puissance.

Prise **Classique** : La plus **polyvalente** en attaque ou défense. Dans la phase d'apprentissage, nous allons nous focaliser sur cette prise d'arme pour les attaques. Le tranchant est positionné dessus ou dessous en fonction du besoin. La rotation de lame se fait avec le pouce.

Prise **Inversée ou** *Susi* Très efficace en **défense** mais cette prise fait perdre de l'allonge. Plus difficile à désarmer, très versatile pour changer la position de la lame selon les besoins. Cette prise est utilisée en début d'apprentissage pour l'étude des défenses.

Prise en « **stylo** » - Une alternative peu conventionnelle, très **difficile à défendre contre**, mais qui manque de puissance. L'arme est guidée à la manière d'un stylo en suivant l'index qui est positionné sur le contre-tranchant ou sur le côté. Cela permet des enchaînements de **coupes imprévisibles**. Pour éviter que la lame ne recule à l'impact, le talon du couteau est bloqué dans la paume de la main.

Master Grégoire Gres en **Priseclassique** :

- *Blocage avec le pouce*
- *Main ferme et décontractée*
- *Tranchant vers l'adversaire*
- *Main libre en protection*
- *Poids vers l'avant (comme un Pit-bull en combat)*

Master Francois Guerrieri en **Prise inversée (susi)** *ou* **Pic à Glace**

- *Blocage sur le talon de l'arme*
- *Tranchant vers l'adversaire*

Master Lionel Froidure en **Prise de Stylet (ou stylo)** :

- *Blocage avec l'index sur la lame*
- *Pointe vers les yeux de l'adversaire*
- *Prise très difficile à défendre contre.*

EXEMPLES DE CIBLES SUR COUPE

Selon la profondeur de la coupe, l'attaque peut avoir plusieurs objectifs :

❇ Les Doigts - Douleur et difficulté pour tenir l'arme.
❇ Les Yeux - Trouble de la vision, saignement et émotions.
❇ La Gorge - Saignement (carotide), respiration (trachée).
❇ L'intérieur des articulations (tendons et ligaments). Incapacité.
❇ Les muscles notamment des bras (par exemple *la base du biceps*) ; incapacité et saignements.

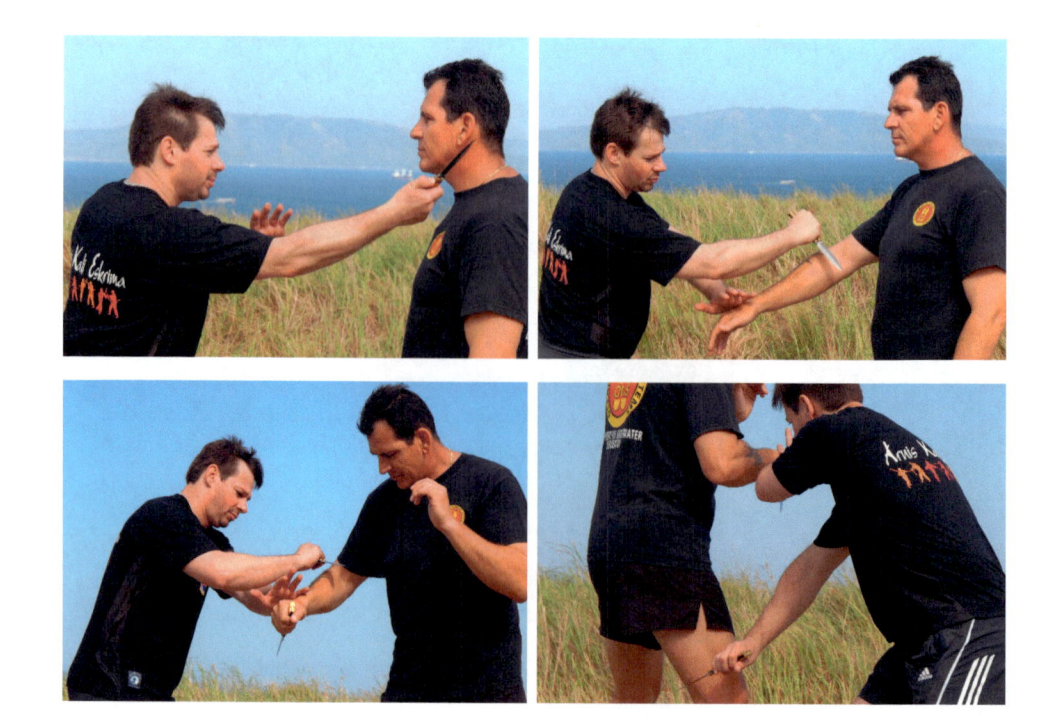

EXEMPLES DE CIBLES SUR PIQUE

Ces attaques sont très dangereuses avec des conséquences mortelles dès qu'un organe est touché. Attaquer les parties musculaires pour créer une tétanie musculaire. Les attaques en pique peuvent être classées en fonction de la zone :

- Parties musculaires : Douleur & Incapacité ou Inhibition.
- Organes vitaux avec des conséquences mortelles.
- Zones sanguines : Perte de sang & inhibition.
- Zone neurovégétative : Inhibition.
- Les yeux : Incapacité de combat.

COUPE - PAHIWA

Il s'agit de blesser et de faire saigner l'adversaire pour amoindrir ses défenses (les doigts, le visage, les tendons) ou de couper des zones vitales comme la gorge, les yeux, les veines des avants bras. La coupe peut être réalisée à plat ou dans un mouvement circulaire et selon tous les plans : Horizontal – Vertical – Diagonal

1. Épaules alignées de 3/4.
2. Ne pas armer, cacher la coupe.
3. Main libre dans le mouvement.
4. Ne pas casser pas le poignet.
5. Couper à partir du milieu du tranchant.

1. Mobiliser les hanches sans jamais exagérer l'action des hanches.
2. Noter la prise d'espace avec la main libre.
3. Conserver une ligne de coupe courbée, plus difficile à bloquer.

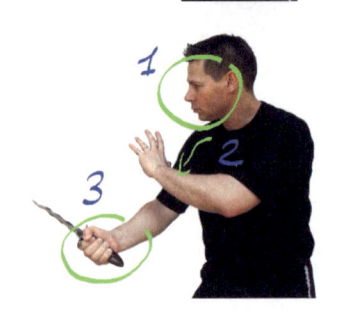

1. Engager légèrement la tête en contractant les muscles du cou.
2. Descendre l'épaule pour mettre de la force dans la coupe.
3. L'arme reste une menace après la première attaque.

COUPE DE REVERS - PAHIWANG BALIKTAD

La coupe de revers peut se faire en **prise classique** ou en **prise inversée** avec la même efficacité. Dans une prise d'arme inversée, les hanches prennent plus d'importance que le bras et le mouvement se fait avec tout le corps, sans contraction initiale pour optimiser la chaîne musculaire.

1. Rotation souple des hanches.
2. Angle de coupe coude au corps.
3. Épaule descendue.
4. Main décontractée - vitesse.
5. Coude à l'intérieur.

1) Mouvement circulaire des épaules.
2) Hanche en contre-tension.
3. Contrôler en mettant une tension dans l'épaule arrière.
4. Conserver la ligne de coupe.

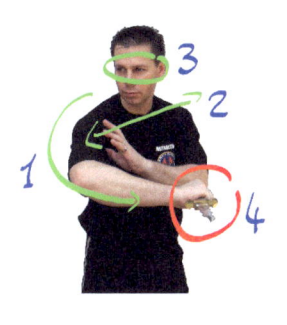

1. Finir la coupe près du corps.
2. Bloquer les épaules pour « rentrer ».
3. Les yeux restent sur la cible.
4. L'arme est en place, prête à attaquer de nouveau ou à défendre.

JAB DE COUPE - JAB DE POINTE

Il s'agit d'**envoyer des jabs** avec une **vitesse aller-retour maximum** tout en se déplaçant. Le jab permet de maintenir ou changer de distance mais aussi de créer des feintes et du désordre. Nous pouvons utiliser l'arme en pointe pour « piquer comme une guêpe » ou couper avec la pointe du tranchant dans un mouvement circulaire très très court.

1. Dos en arc de cercle.
2. Epaules 3/4 de côté.
3. Détendu prêt à exploser.
4. Se placer dans la zone d'attaque.
5. Multiples choix à disposition.

1. Transfert de poids vers l'avant.
2. Boxer comme à mains nues.
3. Ne PAS engager le corps.
4. Ne PAS tendre le bras.
5. Fermer la prise à l'impact uniquement.

1. Retirer l'arme le plus vite possible.
2. Retour à la garde de départ.
3. « Compresser le ressort ».
4. Suivre une courbe pour ramener.
5. Garder la tête en place.

COUPE DE POINTE

Comme avec un bâton, cette attaque fait **beaucoup de dégâts sans prise de risque**. Très efficace en uppercut *(bas > haut)* ou en *demi-lune*, notamment avec une arme longue *(exemple ci-dessous)* mais aussi avec une dague ou un couteau. Insister sur l'action du poignet. Ce type de coupe devient très facile à placer lorsque l'arme est déjà en mouvement.

1. Position relâchée - Cacher la technique jusqu'au dernier instant. Action du poignet pour lancer l'attaque.
2. Coupe en uppercut en utilisant le poids et l'inertie de l'arme.

1. Pivoter autour du coude, connecté comme toujours.
2. Tourner le poignet paume vers le haut avec une saisie ferme.
3. Pousser avec les jambes pour utiliser la force du sol.
4. Couper avec le bout de la lame en contrôlant la trajectoire pour écarter sa propre arme de son corps. Pour cela il faut se déplacer autour de l'arme et non l'inverse.

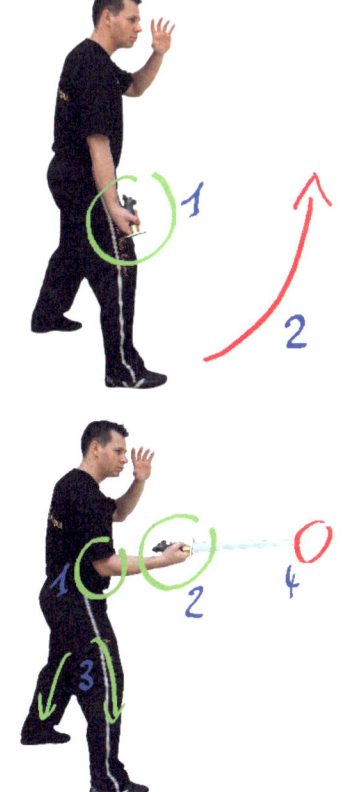

ATTAQUE EN PIQUE - SAKSAK

Il est possible de donner des **angles de pénétration** différents en fonction de l'angle d'attaque initial. Tranchant vers le haut, le bas ou le côté. Il est à noter que l'attaque porte son effet en ressortant. En *cas d'accident*, il est indispensable de ne *pas retirer l'arme* mais d'attendre les secours en limitant la perte de sang. Plan horizontal, vertical, transversal ; soit en remontant, soit en descendant.

1. Dos en « tension relâchée », comme un arc.
2. L'arme est pointée vers l'adversaire comme un bouclier.
3. Lancer l'attaque proche de la cible.

1. Transfert de poids.
2. Laisser « glisser » les épaules.
3. Le bras n'est jamais tendu.
4. L'arme passe au travers de la cible.

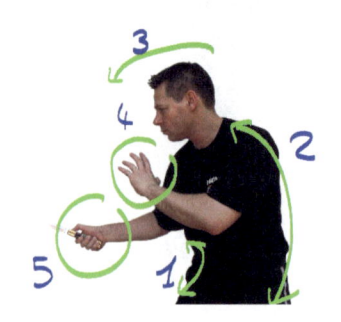

1. Retirer l'arme à partir des hanches
2. Dorsaux en tension.
3. Stabiliser le triangle Arme-Tête-Main Libre en replaçant la tête.
4. La main de garde reste en place.
5. Ramener l'arme, prête à frapper.

SAKSAK PABALIKTAD - PRISE DE REVERS

En prise de revers nous avons beaucoup **plus de force** de **pénétration** car il est possible de transférer plus de poids. Par contre, attention à ne pas se laisser emporter dans l'élan. L'arme est moins dangereuse pour soi-même et il devient plus facile d'effectuer des transitions attaque défense et de crocheter les attaques pour les dévier.

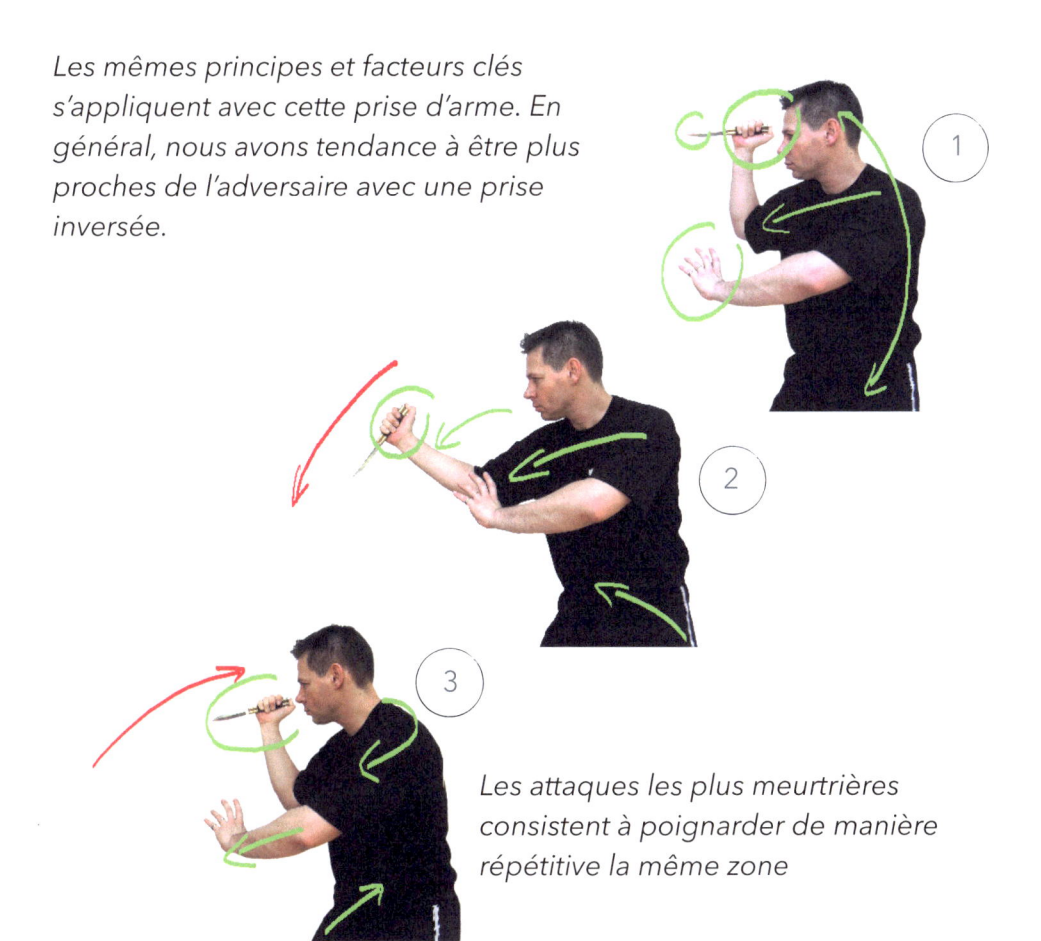

Les mêmes principes et facteurs clés s'appliquent avec cette prise d'arme. En général, nous avons tendance à être plus proches de l'adversaire avec une prise inversée.

Les attaques les plus meurtrières consistent à poignarder de manière répétitive la même zone

DÉFENSE DOBLE BASTON VS DAGA

Relaxe ! Le **Doble Baston** part avec un **avantage**, à condition de simplement respecter une stratégie simple :

- Rester en mouvement et gérer la distance de sécurité.
- Utiliser et abuser de jabs sur la main et au visage.
- Imposer une distance de combat *medio* ou *largo* pour obliger l'adversaire à rentrer dans notre distance pour pouvoir contre-attaquer dans notre distance d'avantage.
- Frapper, frapper de nouveau en sortant de la zone de combat.
- Ne pas accepter de reculer, tourner autour de l'axe du combat.
- Surtout éviter un état d'esprit de duel.
- Se mettre en mode de survie et en défense.
- Blocages puissants systématiquement sur la main.
- Utiliser les DEUX bâtons avec des techniques explosives.
- Rester en défense et prendre le contrôle du combat sur des enchaînements défense > Riposte > Contre-Attaque en transition (les transitions sont étudiées plus tard).

Contre Doble Daga, le combat risque d'être très explosif et compact ; notamment lorsque l'adversaire adopte une double garde inversée (ci-contre). Dans ce cas, nous allons éviter d'armer les frappes de bâton et envoyer des jabs pour amoindrir la garde de l'adversaire afin de le pousser à se découvrir.

« Patience et longueur de temps font plus que force ni que rage ».
Le Lion et le Rat - Jean de La Fontaine

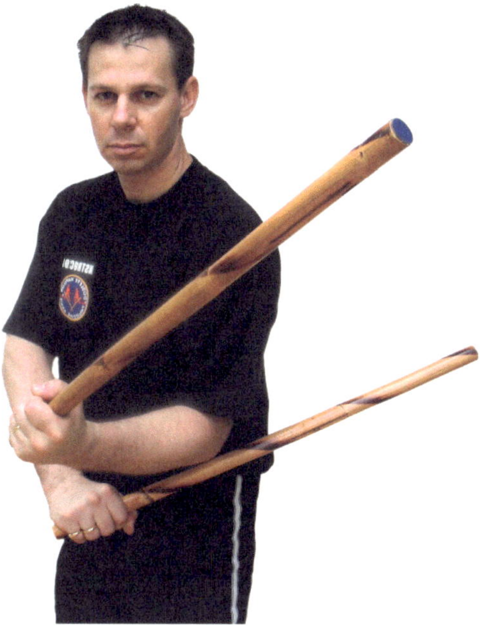

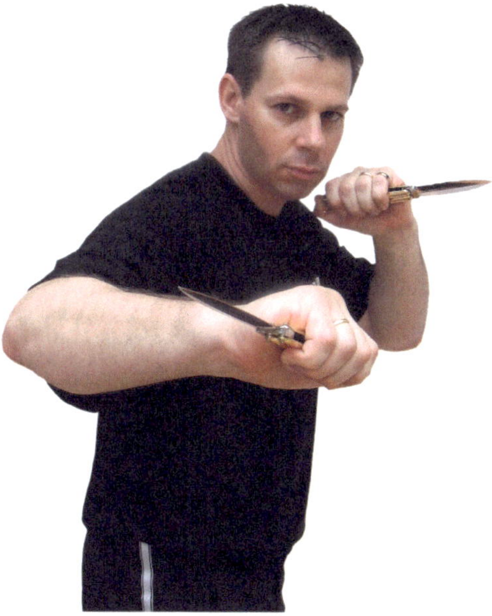

DÉFENSE SOLO BASTON VS DAGA

Il est important de passer à cette étape lorsque nous sommes à l'aise avec Doble Baston versus Daga. Nous allons appliquer toutes les stratégies et principes précédents en rajoutant de la mobilité, de la précision et en doublant les frappes pour prendre l'espace d'une manière plus affirmative.

Il est crucial de **rester très sobre** et de ne pas se *jeter dans la gueule du loup* sur une provocation de sa part. Privilégier des angles diagonaux et des trajectoires courtes sans aucune préparation et sans appel. Le premier qui se découvre se met en danger, donc patience.

GM Mena place un blocage puissant sur le poignet en début d'attaque pour fermer l'angle en allant vers l'arme. Noter son engagement du corps.

GM Mena fait glisser sa cane vers le poignet en contrôlant le poignet avec la main libre. Ses doigts sont placés à l'intérieur de la main de Dani.

GM Mena fait un levier avec sa canne en utilisant le talon (dulo) du poignard. Noter que sa main recouvre l'arme sur le contre-tranchant.

Dégagement de l'arme et frappe sur la tempe.
Ce désarmement est réalisé dans un mouvement continu.

COMBAT LIBRE AVEC CONTRÔLE

Le plus grand plaisir de l'Arnis c'est de pouvoir attaquer « pour de vrais » en mettant vitesse et puissance. À l'adversaire de bloquer.

Cependant, nous voulons aussi sécuriser la pratique pour **éviter les accidents**. Pour cela, nous allons développer le contrôle des attaques mais sans arrêter les frappes ; à moins que le partenaire soit complètement dépassé par l'attaque et qu'il ne fasse aucune défense.

Les **frappes de pleine puissance** doivent absolument être **décalées à côté du partenaire**, avec une **marge de sécurité** en fonction de la maîtrise des deux pratiquants.

Pour cette forme de travail, nous n'allons **pas limiter les angles**, ni les formes d'attaques, ni les cibles possibles. Bien au contraire, nous voulons donner un **maximum de liberté** aux attaques et aux défenses, pour accumuler des expériences et développer la lecture des angles, des trajectoires, des distances et des données temporelles. Nous sommes dans un travail **avec** un « **partenaire de pratique** », **non pas contre** un « adversaire ».

Pour développer le contrôle des attaques et des défenses, il suffit de commencer le combat tranquillement et de monter graduellement en vitesse et en puissance. Attention à ne **pas tomber dans une récitation** sans rythme et surtout **éviter d'attaquer les bâtons** de votre partenaire.

Échanges libres sur la plage de Boracay à la tombée de la nuit. Master Dani donne la « leçon » au « Master en devenir » Lio Froidure.

2 PRISES ALTERNATIVES DE BÂTON

Nous allons rajouter 2 prises optionnelles pour le *Solo Baston* qui correspondent plutôt à une distante courte. La **prise inversée** *(susi)* permet une grande variété de parades, blocages, absorptions, déviations sans préparation. Sur des blocages contre une attaque puissante, il convient de maîtriser les esquives, changements d'axes et les replacements de jambe tout en absorbant les impacts.

La **prise d'arme médiane** est uniquement utile pour une distance très courte et permet l'utilisation de la canne pour effectuer des contrôles, des étranglements et des parades très rapides. Les frappes sont rapides mais manquent de puissance. Attention à ne pas transposer ces techniques sur une distance plus éloignée. En doblete Rapilon nous n'utilisons la prise médiane que dans une optique de compréhension de cette prise pour savoir y faire face.

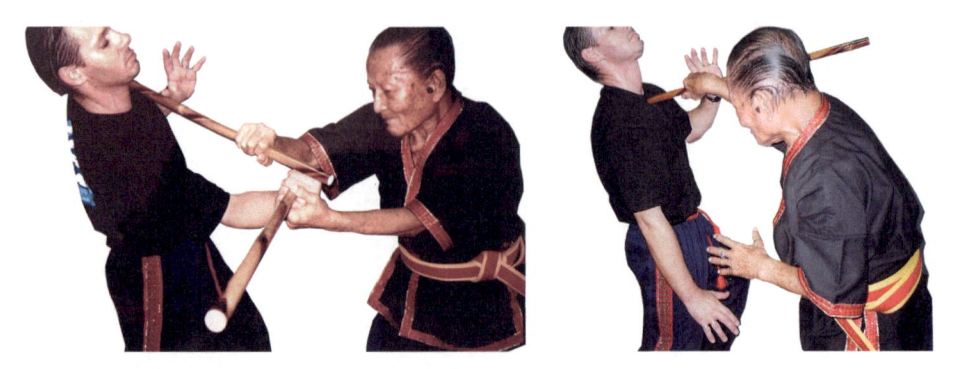

GM Mena : Prise inversée haute & frappe du Dulo en prise inversée.

GM Mena démontre un **blocage en prise inversée** en allant dans l'attaque. Il s'agit d'un blocage avec un enroulement autour de la cane.

Passage à l'intérieur en glissant sur l'arme de l'adversaire

Désarmement en prenant appui sur l'avant-bras. Noter que le bâton de l'adversaire est pris en cisaille.

GM Mena dégage l'arme dans un mouvement sec et explosif.

ATTAQUES ET DÉFENSES AU DULO

Le dulo permet de faire la **transition** entre le travail avec des **armes** et le **travail à mains nue**s en Arnis. C'est aussi une arme qui permet de pratiquer dans les distances du corps-à-corps. Le dulo est efficace dans la **transition Corto > Mano-Mano > Corto**

En distance très courte le dulo perd un peu de son efficacité car les angles sont plus fermés. Il faut donc apprendre à ressortir en frappant pour regagner notre distance stratégique grâce à des ajustements de distance, de postures et d'axes. Par contre le Dulo est d'une efficacité/danger redoutable lorsqu'il s'agit de percussions d'un adversaire au sol. Attention à ne jamais se débarrasser de son arme pour passer en mains nues car l'adversaire serait ravi de récupérer une arme. Certains dulos ont une extrémité pointue qui permet de garder l'efficacité en distance courte.

Le dulo présente une bonne variété d'options :
- Applicable sur les 12 angles de base et plus.
- Blocage en percussion.
- Parade avant-bras puis crochetage.
- Frappe avec les deux côtés (selon l'arme).
- Trajectoires multiples en Jab, Circulaire, Marteau, Pique, Uppercut direct ou de revers.
- Frappe en Crochetage : Mains, Articulations, Clavicule, Nuque.
- Pression sur points vitaux : Gorge, Sternum, Fontanelle, Nuque.
- Frappe du poing si besoin.
- Enchaînement avec les Coudes - Genoux - Coups de pied bas.

*Attaque au couteau en pique. Dani se défend en utilisant deux **Balisongs non-ouvert** dans leur **forme Dulo**.*

Défense en croisant les avant-bras en deux temps pour passer « derrière » la lame.

*Le bras se détend dans le même mouvement pour **frapper à la tempe en marteau** avec le **Dulo**. La main contrôle toujours le bras armé.*
Noter que Dani bloque le Dulo avec tous les doigts, le pouce ou les deux derniers doigts en fonction du besoin.

Dani enchaîne avec un coup de tibia à l'arrière du genou pour casser la structure de Mark et déplacer son axe. Dans cette position il est possible de frapper au visage en dulo ou de partir.

Une âme et une conscience de Guerrier se forment

PROGRAMME C. BLEUE

DURÉ	4 à 6 Mois
OBJECTIFS	**MAITRISE DES BASES - EFFICACITÉ EN COMBAT LIBRE**
LES ARMES	1 &2 BATONS - **COUTEAU LAME VIVANTE**
LES ANGLES	**APPLICATION AU COUTEAU**
DISTANCES	**INTEGRATION DES DISTANCES EN TRANSITION**
DÉFENSES	**DEFENSES AU COUTEAU**

- Défenses au couteau **prise inversée** contre une **prise classique**.
  - Concepts de défenses au couteau contre couteau
  - Prise d'arme en défense : Classique ou inversée
  - Les formes d'esquive couteau vs couteau
  - Défense en opposition de lame & opposition de pointe
  - Défense intérieure vs défense extérieure
- Pratique d'entraînement libre au couteau
- Formes de frappes à mains nues en DR
- Combat libre avec protection
- Attaques et Défenses en *Baston Y Daga (B & D) vs B & D*
- Éléments d'Arnis Traditionnel
- Concepts de combat et de pratique du Doblete Rapilon
- Principes Techniques & Stratégiques du Doblete Rapilon
- 12 Angles Dynamiques en Doblete (*Doble Baston* & *Solo Baston*)

CONCEPTS DE DÉFENSES COUTEAU VS COUTEAU

Il ne s'agit **pas encore de combat** au couteau mais de **comment utiliser un couteau** ou une dague pour réaliser une **défense sur** une **attaque au couteau**. Nous sommes ici dans le cadre de la pratique de l'art martial, puisque légalement, utiliser un couteau est incompatible avec la notion légale de self-défense dans une majorité de pays.

Le travail au couteau est extrêmement riche et diversifié. Il demande de la **discipline** pour garantir la sécurité des pratiquants et une grande **concentration** dans la pratique. C'est un thème à ne jamais aborder à la légère, que ce soit avec une **lame vivante** ou avec une **réplique non tranchante** que nous allons utiliser en début d'apprentissage à deux ou pour travailler plus vite.

La main libre prend une importance fondamentale dans ce travail de défense au couteau vs couteau. Voici les éléments à retenir :
- L'arme est toujours devant comme un bouclier.
- Garde de base en *Serada* ou *Abierta* pour ouvrir une porte.
- Corps vers l'avant, main libre entre notre arme et notre corps.
- Imposer sa défense en **rentrant sur l'attaque** pour casser la distance initiale.
- Changement d'**axe** et **esquive** dans la défense.
- **Blocage** sur le bras d'attaque **avec le couteau** en coupe sur les tendons du poignet, la base du biceps ou pique à l'épaule.
- Anticiper la seconde attaque, accompagner le changement d'angle avec la main libre pour dévier puis reprendre le contrôle.
- Couper les tendons du poignet pour désarmer et riposte.

Blocage en opposition de lame sur l'attache du biceps pour trancher la base du muscle.

- Cette défense va positionner la main armée dans une zone prévisible, car cela suit le schéma biomécanique.
- Léger décalage extérieur et déviation vers l'intérieur de l'attaquant. Poids sur l'avant, recule du bassin pour éloigner les organes vitaux.
- La main ouverte protège et contrôle.

Blocage en plongeant la lame dans l'articulation de l'épaule. Cette défense va arrêter net l'attaque dans son déclenchement.

- Dani « rentre » dans la garde de Mark en avançant de profil.
- Léger décalage intérieur de l'attaque. Épaules contractées à l'impact.
- Coude au corps - La main libre en « C » contrôle une possible réaction.

PRATIQUE LIBRE AU COUTEAU

Ce module consiste à **transférer le savoir-faire** que nous avons déjà intégré avec des bâtons vers le travail au couteau. Dans la mesure où nous avons construit notre expertise sur des principes universels, depuis le début, la plupart des techniques apprises peuvent être transférées facilement avec quelques ajustements. C'est la beauté des formes d'Arnis Kali et Eskrima. Nous allons utiliser tous nos déplacements, les transitions, l'utilisation de la main libre, la maîtrise des angles et des trajectoires, les temps d'intervention…

Attention à ne pas tomber dans la « *joute sportive aux couteaux* ». À ce stade de la pratique, nous allons uniquement travailler avec des **armes d'entraînement non tranchantes.** Si possible, utiliser la **réplique en acier** du **même modèle** que notre lame vivante. Passer en lame vivante pour le travail en solo.

Exemples de **mise en place graduelle** sur 3, 5 puis 12 angles :
a. 1 Attaque libre (P1) > Défense & Riposte (P2)
b. 2 attaques libres (P1) > Défense 1 > Défense 2 & Riposte (P2)
c. P1 Attaque > P2 Défend & Riposte > P1 Défend & Riposte

- *Couteau d'entraînement.*
- *Couteau de combat "lame vivante".*

*Sur une pique au plexus, Dani place un effacement extérieur en avançant avec un **blocage en coupe** sur les tendons de la base du Biceps.*

Dani continue à **avancer** pour occuper **une position d'avantage**. La main libre glisse vers le coude sans perdre le contacte. **Riposte instantanée** en en changeant de haute coupant la jugulaire. Noter que sur cet enchaînement, les deux coupes sont très courtes pour fermer les angles de contre et ne pas laisser de temps ou d'espace pour une technique de contre.

FORMES DE FRAPPE À MAIN NUES

Certaines organisations intègrent la pratique de la lutte pour étoffer leur cursus. En ce qui ce qui concerne le **Doblete Rapilon**, nous intégrons les techniques à mains nues dans le cadre de la **forme classique** des systèmes d'Arnis ; C'est-à-dire en complément et en cohérence avec les principes de combat avec arme et/ou lorsque la **distance** le permet où lorsque nous perdons notre arme.

Dans l'éventualité où nous perdrions notre arme pendant le combat, nous allons simplement continuer à combattre **à mains nues** de la **même façon,** en conservant les principes et les formes de l'Arnis sans faire d'amalgame et sans changer d'art martial.

Dans notre approche, les techniques d'attaques à mains nues sont utilisées en complément des armes lorsque nous entrons en **distance** de **corps-à-corps** *(mano-mano)* ou en **distance courte** *(corto)*.

Les **techniques à mains nues** sont beaucoup **plus lentes** que les techniques avec arme, beaucoup **moins dangereuses** et plus **faciles à contrer** pour l'adversaire. Une grande règle de précaution doit être appliquée pour ne pas se découvrir et s'exposer au danger d'un contre. Pour GM Mena et les Grands Maîtres de sa génération, la seule idée de décider de combattre sans arme était inconcevable et sans intérêt. Dans ce cadre, l'utilisation des **objets du quotidien** remplaçait une arme : Un journal plié, un crayon de bois, un trousseau de clés se transforment en arme redoutable.

Coup de genoux en corps-à-corps pour « plier » la structure de Philippe.

Noter que l'arme de l'adversaire est sous contrôle et ne représente plus aucun danger.

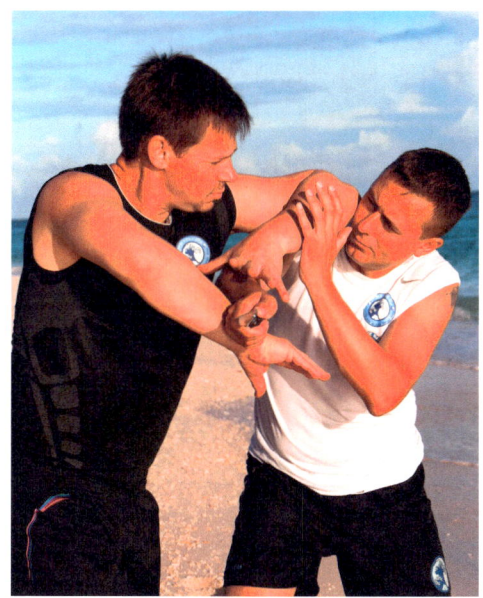

Contrôle du bras armé avec les mains inversées et **frappe du coude** main ouverte. Noter que Dani est passé « derrière » l'arme.

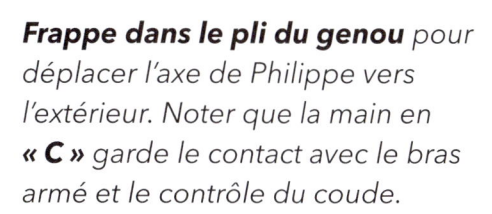

Frappe dans le pli du genou pour déplacer l'axe de Philippe vers l'extérieur. Noter que la main en **« C »** garde le contact avec le bras armé et le contrôle du coude.

COMBAT LIBRE AVEC PROTECTION

La pratique avec protections permet de **lâcher les attaques** et de **pratiquer à vitesse maximale**. Nous recommandons des protections pour les mains, les coudes et une utilisation du casque uniquement pour certains exercices. Les gants de Hockey sont une bonne solution.

Nous allons laisser partir les attaques sans pour autant mettre du poids dans la frappe afin d'éviter les blessures graves. Attention à ne **pas confondre** le travail avec **protection** et **la joute sportive**.

Dans ce module, nous restons dans le cadre du réalisme de la pratique martiale. Une frappe réussie à pleine vitesse sur le poignet veut dire arrêt de l'assaut en cours, puis reprise d'un nouvel assaut. En fonction des zones de frappe, les pratiquants doivent prendre une distance de sécurité et décaler les frappes pour éviter de toucher le partenaire lorsque celui-ci est dépassé et ne peut plus se protéger.

Il est crucial de pratiquer ce module avec de **vraies cannes de combat** pour respecter la réalité du maniement des armes et notamment le poids, la vitesse de déclenchement et le taux d'accélération réel ; sans quoi cet exercice devient un divertissement et nous sortons totalement de la pratique d'un art martial. Une attention particulière est apportée à la défense. Ce n'est pas un duel mais un combat ou chaque pratiquant alterne attaquant et défenseur, sans ordre établi.

Dans un duel, chaque pratiquant recherche la domination alors que lors d'un combat, nous allons mettre l'accent sur la survie, donc l'invincibilité ; et donc, toucher sans être touché, en cherchant la précision, la vitesse et la puissance des frappes.

Guro João Laranjo et **Guro Cyril Nogueira** en combat libre avec gants de protection.

Focus « frappe sur les mains » puissance maximum.

Guro Francois Lorion (à droite) fait travailler un stagiaire.

Master Francois Guerrieri et **3e Degré John** en combat libre. Frappe pleine puissance sur les mains et contrôle pour les frappes sur les zones non-protégées.

BASTON Y DAGA (B & D)

Dans son enseignement et la pratique, GM Mena faisait la distinction entre le travail **Baston Y daga** et **Espada Y Daga**. En Doblete Rapilon nous n'allons pas travailler *Espada Y Daga* avec un bâton *en guise* d'arme de coupe car il s'agit d'une forme de combat différente.

En garde *Abierta,* le bâton est sur la jambe avant. La dague se retrouve devant en *Serada*. Le bâton reste l'arme principale aussi bien pour attaquer que défendre. La dague va intervenir soit pour bloquer en croix, soit pour riposter ou venir en seconde attaque dans un enchaînement ou en sortie. Utiliser la dague pour désarmer en coupant est une option très efficace et réaliste.

Voici plusieurs formes de pratiques possibles :
- Étude des 12 angles de frappe avec attaque de dague en soutient dans les intervalles.
- Étude des 12 angles de défense avec B & D.
- Mise en application *Baston Y Daga* en défense sur 12 angles.
- Enchaînement *Arnis de Salon* en intégrant B & D.
- Travail en *Shadow Arnis* avec bâton & dague lame vivante.
- Défenses B & D contre attaque *Solo Baston*.
- Défenses B & D contre attaques B & D.
- Pratique Attaque-Défense-Riposte Libres en B & D.
- Défenses et ripostes B & D contre *Solo Daga*.

GM Mena démontre une défense **Solo Baston** vs **Baston Y Daga.**

Blocage sur la main avec une demi-lune sur les doigts.

Blocage sur les doigts avec le retour de la Demi-lune. Noter le **poids sur la frappe** et l'engagement vers l'avant.

Enchaînement de frappes en forme « Ekis » : Clavicule puis Visage.

ÉLÉMENTS DE L'ARNIS TRADITIONNEL

La très grande majorité des systèmes et des écoles traditionnelles d'Arnis trouvent l'origine de leurs formes et techniques de combat dans le maniement des **armes de coupe** : Epées, machettes ou sabre courts. Avant d'aborder les premiers enchaînements traditionnels, nous allons étudier des éléments que l'on retrouve dans de nombreux systèmes, parfois avec des noms différents.

- ☐ Patag / *Egaliser le riz (supination)*
- ☐ Planchada / *Repasser (pronation)*
- ☐ Rabis / *En pronation*
- ☐ Sera / *Fermer la Garde*
- ☐ Hantaw / *Large Uppercut*
- ☐ Aldabis / *Embrocher*
- ☐ Pilantik / *1/4 Rotation*
- ☐ Witik / *Idem en Revers*
- ☐ Forete / *Estocade*
- ☐ Sikete / *Saksak*
- ☐ Palis / *Aller avec le flot*
- ☐ Pinanka/ *Rebond au sol*
- ☐ Umbrella/ Sombrada / *Parapluie*
- ☐ Tres Andanas/ *3 points*
- ☐ Suklis (Suklay)/ *Se Coiffer*
- ☐ Boca de Lobo/ *Gueule de Loup*
- ☐ Cruzada / *Croix*
- ☐ En Table / *Tambour*

PRINCIPES TECHNIQUES STRATÉGIQUES EN DOBLETE RAPILON

À ce stade de la progression, nous avons déjà intégré la plupart des principes communs des systèmes d'Arnis Kali Eskrima. Nous sommes capables de nous déplacer, d'esquiver, de bloquer, parer, absorber ou dévier une attaque. Nous pouvons transférer ces principes et concepts de combat vers d'autres armes. Nous sommes capables d'adapter la technique à la distance de combat. Bravo !

Nous allons maintenant élargir notre approche du combat en intégrant les premiers principes techniques et stratégiques spécifiques au système Doblete Rapilon, le fameux « Mena Style ».

- Adopter des gardes plus offensives et utiliser le sol.
- Doubler les attaques en utilisant la vitesse.
- Travailler dans toutes les distances sur un même combat.
- Changer les hauteurs et la profondeur des attaques.
- Alterner les rythmes, cadences, tempos et la vitesse.
- Modifier les trajectoires en cours.
- Suivre la forme de combat de l'adversaire pour le mettre en confiance puis imposer sa propre forme.
- Intégrer les éléments traditionnels dans les phases du combat.
- Utiliser les mêmes formes pour des attaques ou des défenses.
- Intégrer le principe d'un flot d'attaques continues.
- Submerger l'adversaire pour minimiser son expression offensive.

12 ANGLES DYNAMIQUES EN DOBLETE RAPILON (DR)

Nous allons maintenant aborder la pratique du Doblete Rapilon dans sa forme la plus simple qui consiste à **doubler les frappes** puis rajouter la **vitesse d'exécution**. Nous allons travailler *Solo Baston* (Olisi) en rotin en alternant main gauche et main droite.

- Pratique des 12 angles d'attaque en doublant (1 par 1).
- Pratique des défenses en doublant sur 1 angle d'attaque.
- Enchaînement des 12 angles d'attaque d'une manière linéaire.
- Enchaînement des 12 angles d'attaque dans toutes les directions.
- Enchaînements libres des 12 angles d'attaque dans toutes les directions - Forme *Shadow Arnis*.

Nous pouvons aussi commencer à **transférer certains exercices** déjà connus sous une forme DR.

- Reprendre l'exercice de « danser » sur attaques en Doblete.
- Travail à deux des transitions de distance en doublant sur distances longues puis passer en attaques simples sur *Corto*.
- Commencer à systématiquement doubler les frappes de finition avec puissance et vitesse dans le vide, pour délier les frappes.
- Explorer l'utilisation des angles attaques dynamiques dans une forme défensive.
- Explorer les formes de défenses sur des attaques redoublées.

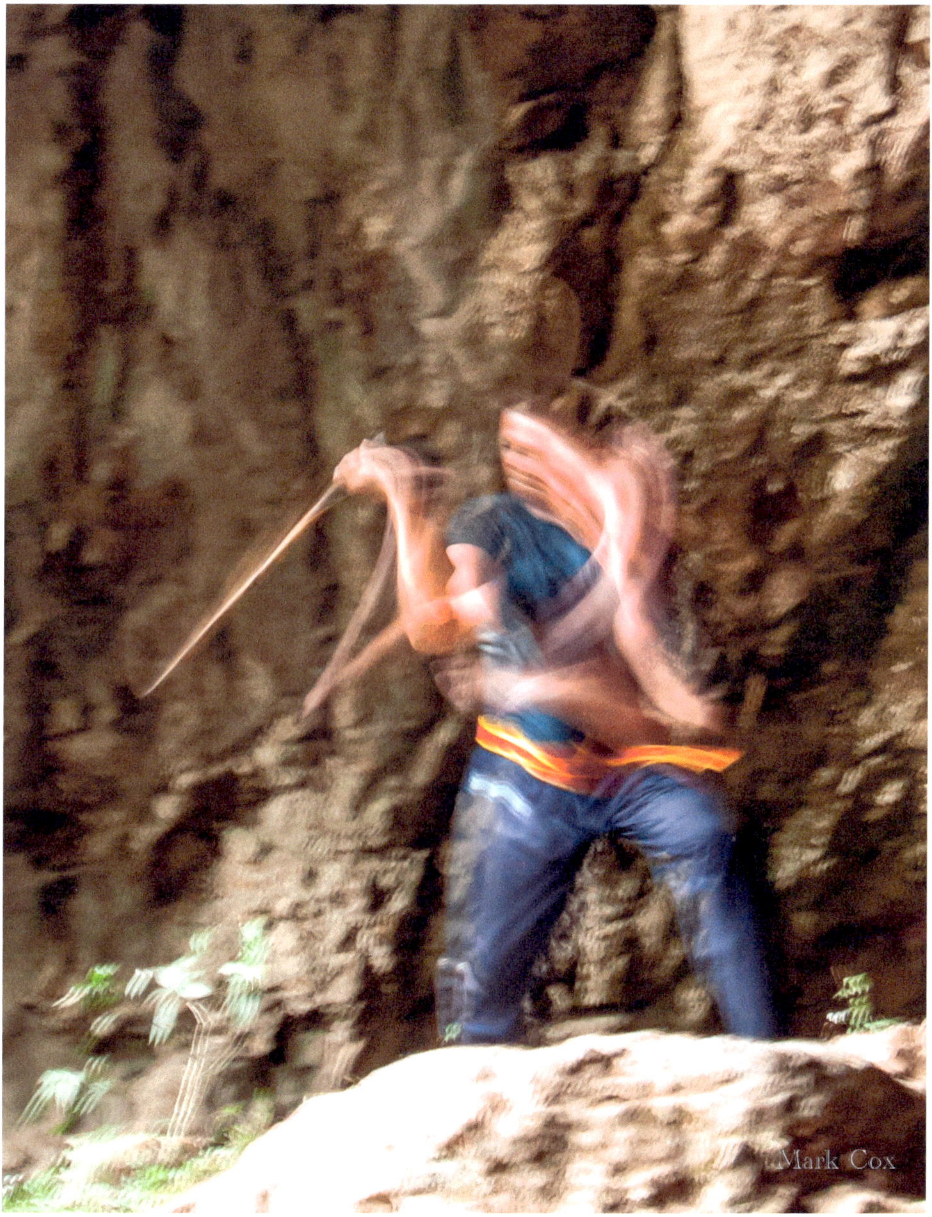
Mark Cox

Il est temps de passer la vitesse supérieure.

LA PHASE D'INTÉGRATION
PRÉPARATION À LA CEINTURE NOIRE

Il s'agit d'intégrer l'ensemble des modules qui ont été travaillés depuis la première séance. Dans certains cas, cela veut dire revenir en arrière pour approfondir les bases, questionner et se remettre en cause, corriger et enrichir la maîtrise de certaines compétences.

Cette période est aussi l'occasion d'approfondir nos capacités physiques : Vitesse, agilité, mobilité, force et énergie. L'efficacité en combat devient une priorité absolue, donc une bonne maîtrise émotionnelle est de mise. La préparation à la ceinture noire prend 1 ou 2 saisons en fonction de l'investissement du professeur et de l'élève. Ce n'est pas une course contre la montre, mais il est important de garder le rythme pour ne pas tomber dans le « syndrome de la ceinture noire » avec un élève qui n'arrive pas à passer le cap et qui tombe dans l'auto-sabotage.

Cette étape nous donne l'occasion de sortir de notre zone de confort pour embrasser les concepts et les principes de l'Arnis dans leur globalité et les valider par la pratique et la mise à l'épreuve qu'à laisser sécher, retourner et laisser faire le

Laisser sécher au soleil. Vite remettre en sac si la pluie se réveille et recommencer. Dans le langage martial : Valider par la pratique, mettre à l'épreuve et corriger encore et encore jusqu'à ce que le taux d'efficacité soit en ligne avec notre objectif.

PROGRESSION C. MARRON

DURÉ	1 à 2 Saisons
OBJECTIFS	**FINALISATION INTÉGRATION DES MODULES PRÉCÉDENTS**
LES ARMES	LAME VIVANTE - **MIMAR** - DULO
LES ANGLES	VARIATIONS DANS LES **TRAJECTOIRES**
DISTANCES	**INTEGRATION DES DISTANCES DANS LES 8 DIRECTIONS**
DÉFENSES	**PERCUSSION, CROCHETAGE & À MAINS NUES**

- ☐ Concepts de combat en distance de corps-à-corps (M*ano-mano)*
- ☐ Distances de sécurité relatives en fonction des armes en présence
- ☐ 12 angles d'attaques simples et défenses au bâton long *(Tapado)*
- ☐ Défenses double bâton contre bâton long sur attaques simples
- ☐ Défenses en crochetage et percussion avec l'arme *(Puño et Dulo)*
- ☐ Défenses *Solo Baston* contre *Doble Baston*
- ☐ Défenses mains nues vs *Solo Baston* (1 puis 2 attaques directes)
- ☐ Défenses mains nues vs *Solo Daga* (2 puis 3 attaques directes)
- ☐ Défenses mains nues vs *Tapado* sur attaques directes
- ☐ Techniques de désarmement à mains nues vs *Solo Baston* & *Daga*
- ☐ Techniques de crochetage & balayage vs *Solo Baston* & *Daga*
- ☐ Techniques d'étranglement au bâton ou à main nues
- ☐ Défenses *Solo Daga* contre *Solo Baston*
- ☐ Combat contre plusieurs adversaires (toutes les armes étudiées)
- ☐ Les *Eléments* du Doblete Rapilon en *Solo Baston*

CONCEPTS DE COMBAT - MANO MANO

En Doblete Rapilon, nous considérons **Mano-mano** comme une **distance de combat** et non-pas un ensemble de techniques à mains nues. Nous allons garder **exactement la même forme de corps avec ou sans arme**. Nous pouvons parfois intégrer certaines des techniques à mains nues d'un autre art martial à condition de choisir les techniques ou les formes compatibles avec les concepts de combat et des principes techniques de l'Arnis.
- Frappes des Coudes, Genoux, Tête, Pied en dessous du bassin.
- Frappes de paume, pique des doigts, tranchant, revers de poing
- Étranglements, écrasements musculaires, torsions

À éviter :
- *Amener l'adversaire au sol oui, mais <u>ne pas</u> le suivre au sol.*
- *Aucune frappe de pied au-dessus du haut de la cuisse.*

Frappe en Direct du poing.
Dani place sa défense dans un mouvement rotatif avant similaire à une défense au bâton. Rotation en pivot pour contrôler la seconde frappe avec un léger recul du corps sans perdre de terrain. Mouvement similaire de « main libre ».

Frappe instantanée du genou en tirant qui bloque la progression de Mark sans lui laisser l'espace pour placer un contre.

Dani déplace Mark sur son intérieur en restant dans une Zone d'avantage, poids vers le bas pour limiter les options de replacements.

Dani frappe en « coup de boule » sur l'arcade. Noter le pied en « cuillère » pour placer un barrage dans le mouvement.

DISTANCES DE SÉCURITÉ RELATIVES

Nous pouvons **visualiser** la distance de sécurité **à partir de soi** (égocentrique) **ou à partir de (s) adversaires (s)** (allocentrique).

Cette visualisation reflète souvent notre perception du monde. Pour dégager une partie du fardeau émotionnel inhibiteur lors d'un combat, nous allons apprendre à écarter notre personnalité et sortir le « moi » de cette équation. Nous voulons regarder le combat de « l'extérieur ». Cette transformation commence par la distance de sécurité.

D'une manière objective, il s'agit simplement d'un jeu d'échecs dont chaque situation peut tourner en notre avantage à condition d'avoir la compréhension (**prendre le positif**) et non pas l'ap-préhension (**prendre le négatif**). La distance est calculée en fonction de la longueur et de l'allonge relative des combattants. Celui qui a une arme plus longue est en situation d'avantage.

- *Égalité* : J'applique ma stratégie de combat en toute liberté.
- *J'ai un avantage* : Je garde ma distance pour éviter le contre.
- *Désavantage* : Je cherche une distance de contre-attaque.

Dans une **distance** de **combat statique**, nous évaluons la distance en fonction de nous-même et donc de notre propre allonge avec ou sans arme. En réalité, en fonction de la trajectoire et même sans bouger, la distance effective par rapport à une cible ou une autre va changer. Si l'arme de l'adversaire est plus longue, la distance qui importe est toujours la distance à partir du ou des adversaires (s).

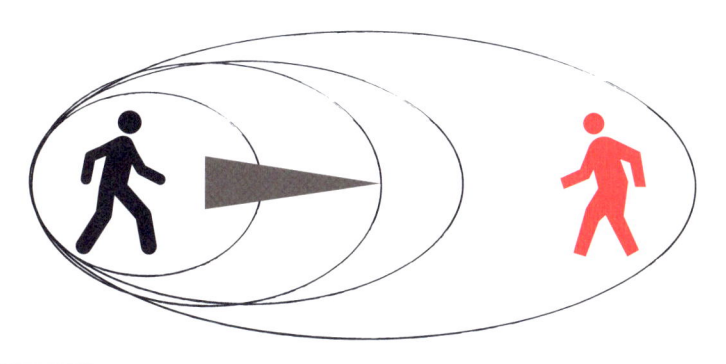

Distance de combat statique centrée sur SOI

Lire le combat selon le modèle de la **distance** de **combat dynamique** permet une plus grande agilité car il est possible de visualiser plusieurs distances pour plusieurs adversaires. C'est aussi le concept le plus adapté au combat de survie car dans un combat, le premier qui « parle » se met en danger. Nous allons donc laisser l'adversaire bouger et lire la distance à partir du mouvement de l'adversaire pour ajuster et prendre « un coup d'avance ».

*Distance de combat dynamique **centrée sur L'adversaire (s)***

12 ANGLES D'ATTAQUE & DÉFENSE AU BÂTON LONG

Aux Philippines, le bâton long se nomme *Tapado* et il existe en plusieurs longueurs de bâton ; soit en Rotin, soit en bois dur. Dans sa forme d'Arnis classique, les formes de frappes sont classifiées à partir de la garde de départ quels que soient l'angle et la trajectoire.

- (1) *Abierta* (sur le dessus de l'épaule ou sur le côté de l'épaule)
- (2) *Serada* (sur le dessus de l'épaule ou sur le côté de l'épaule)
- *Al Suelo* (depuis le sol) en *Abierta* et *Serada*.

En **Doblete Rapilon**, nous utilisons un bâton en rotin qui correspond à la hauteur de l'épaule du pratiquant. Le système de combat au bâton long du GM Mena reprend les concepts fondamentaux du DR, avec une arme en mouvements permanents, des frappes redoublées et une stratégie de combat basée sur une pluie d'attaques. Ce **système se nomme *Mimar*,** en souvenir de ces deux fils *Michael* et *Mario*.

Dans un premier temps nous allons nous familiariser avec le poids et les trajectoires de l'arme qui demande de la force dans les avant-bras, alliée à une grande souplesse mais aussi une fermeté des poignets et un travail des épaules. **Reprendre les 12 angles** (numerado) du DR.

- Pratique des 12 angles d'attaque - Puis défense sur 12 angles.
- Enchaînements libres des 12 angles d'attaque dans toutes les directions - Forme *Shadow Arnis*.
- Reprendre l'exercice de « danser » avec attaques redoublées.
- Travail des transitions de distance à 2 en redoublant sur *largo*, frappes simples sur *medio*, frappe du *Dulo* sur distance *corto*.

AKE - CAHIERS TECHNIQUES 1 LA PHASE D'INTÉGRATION

Dani avec Master JD Zitoun - Mimar vs Mimar
Uppercut de Revers

Attaque Circulaire Horizontale - Angle 3 Niveau tête

DÉFENSES DOBLE BASTON VS BÂTON LONG

Pour gérer cette situation de combat, il est nécessaire de développer au préalable une bonne maîtrise dans la pratique du bâton long pour être capable de lire les trajectoires et adapter les défenses en conséquence.

Dans ce cas de figure, le **bâton long** à un **avantage** certain **sur l'attaque** mais le *Doble Baston* un **avantage certain sur la défense**. Par conséquent, l'issue d'un combat libre penche du côté du bâton long. Par contre, dans le contexte où le **Doble Baston se limite à défendre**, il garde son avantage. Nous allons nous **focaliser uniquement** sur des **défenses en croix** pour supprimer l'incertitude du choix. Frapper systématiquement la main avant en faisant glisser le bâton vers la garde, dans un mouvement explosif ou en *ouverture de croix*.

Scénario 1 : Lecture tardive de l'attaque
- Esquive, effacement, jab pour blesser sans risque.
- Reprise de distance et surtout ne pas essayer de contrer.

Scénario 2 : Lecture au déclenchement de l'attaque
- Esquive, effacement et déflexion en adaptant la distance à l'avantage du Doble Baston.
- Riposte dans le temps si l'opportunité se présente.
- Sinon, Reprise de distance avec des frappes pour se protéger.

Scénario 3 : Lecture avant le déclenchement - Anticipation
- Rentrer directement en fermant l'angle de frappe.
- Blocage et riposte avec une pluie de frappe sur les mains.

Dani laisse partir l'attaque avec une garde complètement ouverte. Il est placé à l'intérieur de la distance de sécurité de son adversaire.

Blocage en croix explosive proche de la garde.

Riposte avec une frappe sur la main avant, en rebondissant sur le blocage.

Attaque sur le poignet de la main arrière avec un demi-abaniko.

L'adversaire est désarmé. Nous passons en phase Doble Baston contre mains nues : Bonne chance !

DÉFENSES EN CROCHETAGE & PERCUSSIONS AVEC L'ARME

Lorsque la **distance** est **trop courte**, il devient impossible de trouver l'espace nécessaire pour armer des frappes au bâton. Dans ce cas, il nous faut **changer de stratégie** immédiatement avec plusieurs options :

- **Sortir** de cette zone avec une **série de frappes**.
- **Changer la prise de bâton** pour passer en prise médiane ou inversée et utiliser le pivot du poignet.
- Utiliser le **talon de l'arme** *(Baston, Dulo, Daga)* en **percussion**.
  - Clavicule, sternum, plexus
  - Yeux, tempe, fontanelle, gorge
- Utiliser le **talon** de l'arme pour **crocheter** :
  - Coude, Clavicule, Nuque
- Désarmer, blocage sur les doigts *(Ipit-Ipit)* ou étranglement.

Parade absorption à l'intérieur de la garde de Greg. Frappe du dulo à la carotide, suivit d'un crochetage derrière la nuque. Dans cette position plusieurs options sont possibles pour finaliser la riposte.

FRAPPE DU TALON - DULO

C'est une solution à envisager lorsque la **distance est trop courte**, cela permet d'enchaîner avec une autre technique sans se faire désarmer. Certaines armes sont pourvues d'un talon pointu à cet effet. Il est possible d'appliquer une **frappe pénétrante** dans les zones souples *(Yin)* et une **frappe de marteau** sur les zones dures *(Yang)*, comme sur un os.

1. Frapper avec le poids du corps, dans un impact lourd.
2. Plier le coude pour absorber l'impact et pouvoir changer d'angle si besoin.
3. Trajectoire en courbe.
4. Garder 2 à 5 cm vers le talon de l'arme.

1. Avec une arme lourde, il suffit de laisser le poids de l'arme nous guider.
2. Courber la trajectoire pour suivre le schéma corporel.
3. Appliquer un angle de pénétration vers la cible.

DÉFENSE SOLO BASTON VS DOBLE BASTON

Dans cette configuration, le **Doble Baston conserve son avantage** dans une distance *medio* ou *largo*. Du point de vue de la stratégie, nous allons donc **fermer la distance** pour **couper les angles** et minimiser la force de frappe de l'adversaire. En fermant les angles et dans une distance courte, l'adversaire en *Doble Baston* va manquer d'espace et risque de reculer. Dans ce cas, il est possible de contre-attaquer dans la transition.

Nous allons alterner les formes de défense :
- **Parades** pour se protéger dans l'urgence.
- **Absorptions** pour ralentir le flot d'attaque.
- **Déviations** pour fermer les angles.
- **Blocages** sur les mains pour rétablir l'avantage.

Pour sécuriser toutes nos défenses, nous allons utiliser tous les déplacements disponibles dans notre arsenal, en profitant de la moindre occasion pour **rentrer dans sa garde**. Le premier objectif est de rétablir l'équilibre en attaquant la main pour qu'il lâche une cane sous la douleur ou sous la violence de la percussion. À l'entraînement, il est important de rester réaliste et de lâcher l'arme lorsque la riposte est de qualité, sans oublier que notre partenaire d'entraînement a maîtrisé et contrôle la violence de sa frappe pour ne pas nous blesser.

Attention, car si nous ne sommes pas capables de reconnaître que notre partenaire a gentiment contrôlé son blocage sur la main pour éviter de nous blesser... Le prochain risque d'être violent ; rappel à la réalité.

Défense en blocage sur les mains, puis retournement de situation et contre-attaque avec une série en raccourcissant la distance.

DÉFENSES MAINS NUES VS SOLO BASTON

« On ne peut pas défendre une attaque de couteau contre un expert sans devenir soi-même un expert du couteau. »

Cette remarque de mon *Sensei, Roland Hernaez* en 1990 m'a poussé à étudier le combat avec arme et notamment les arts de combat philippins. L'étude des armes de coupe permet d'envisager le travail à mains nues contre arme en commençant par défendre vs Solo Baston.

C'est notre **premier module de travail à mains nues**. Le plus important est de garder en tête que dans les systèmes d'Arnis Kali Eskrima, nous allons combattre de la **même manière avec** et **sans arme** et quelles que soient les armes en présence. Les principes et les concepts stratégiques restent les mêmes ; nous allons juste effectuer des **ajustements intuitifs** pour conserver la même efficacité.

Dans les systèmes de combat philippins et indonésiens, les défenses à mains nues interviennent lorsque nous maîtrisons parfaitement le travail avec arme. Il est crucial de conserver le réalisme des attaques et de ne pas tomber dans la complaisance. Nous allons intégrer les étapes de manière progressive : « *être capable de…* »
- Lire l'angle d'attaque et le timing.
- Esquiver une attaque puissante et rapide.
- Engager une esquive ou un effacement adapté.
- Capter l'attaque, puis contrôler en fermant la distance.
- Engager une technique de désarmement.
- Finaliser la riposte.

Esquive en cassant la distance sur l'extérieur et **balayage de la jambe avant**.

Dani place son **pied sur le poignet** *de Philippe pour immobiliser l'arme.*

Étranglement arrière *avec* **clé de cou**, *en levier sur l'avant-bras.*

DÉFENSES À MAIN NUES VS SOLO DAGA

Les défenses à mains nues contre couteau vont suivre le même processus avec une montée en intensité du danger et moins de temps, moins d'espace pour réaliser nos techniques. Il faut combattre à mains nues contre couteau de la même manière que couteau vs couteau. Tous les **principes sont transférables**. À ce stade de l'apprentissage, nous sommes en capacité de lire les trajectoires et de trouver les déplacements qui conviennent.

Voici **quelques repères** dans la pratique :
- Ne pas défendre sur une attaque mais sur une série d'attaques.
- Coller à l'adversaire pour fermer les angles.
- Apprendre à ressentir les mouvements à venir.
- Appliquer les principes de souplesse : Suivre et amplifier l'attaque, puis désaxer et reprendre le contrôle.
- L'assaut est terminé lorsque nous avons récupéré l'arme.

Dans les premiers temps, il est crucial de travailler au ralenti pour apprendre à lire les trajectoires et ajuster nos déplacements en nous focalisant sur les zones davantage vues précédemment ; Intérieur et extérieur en essayant au maximum de nous retrouver à l'extérieur sur la première attaque. Commencer contre un **couteau d'entraînement**, au ralenti mais dans le rythme en accélérant progressivement. Ensuite nous pouvons effectuer la transition vers les défenses contre lame vivante sous supervision et accélérer très progressivement :
- Défenses sur 2 puis 3 attaques enchaînées (5 angles)
- Défenses sur 2 puis 3 attaques enchaînées (12 angles)

Attaque puissante de pique en remontant. Dani effectue un **retrait du corps** tout en **contrôlant au-delà** de l'arme. Corps de profil, la seconde main est prête.

Les deux avant-bras inversés **contrôlent** les différentes **options de contre** à venir. Dani accentue l'attaque de Mark en le faisant sortir de son axe. Noter que Dani est derrière l'arme.

Dani **retourne l'arme vers son adversaire** puis continue de **suivre les réactions** de Mark pour finaliser la technique par un déséquilibre en levier.

DÉFENSES MAINS NUES VS BÂTON LONG

Contre un **expert du bâton** long, se défendre à mains nues est **presque ingérable.** Nous allons de toute façon recevoir des coups et il faut simplement minimiser les blessures pour pouvoir rentrer dans notre distance d'intervention avant d'être mis hors combat. Dans cette optique, nous allons protéger notre tête avec une garde haute et rester en déplacement en attendant une ouverture pour « briser la distance ».

- **Changement d'axe** et de **distance** pour ouvrir des portes et inciter l'adversaire à attaquer. Nous sommes en position de défense, donc aucune pression pour attaquer.
- Inconsciemment, après plusieurs tentatives d'attaque de l'adversaire, notre lecture de l'adversaire va devenir plus précise. Nous allons emmagasiner de l'information en laissant faire notre intuition.
- Ajuster la distance pour **rentrer dans la zone de sécurité** de l'adversaire avec des changements d'axe de combat et de distance. Nous voulons **créer une transition** pour guider le combat vers notre propre distance de combat et forcer une attaque de l'adversaire pour contre-attaquer.
- Une **riposte est impossible** donc nous allons travailler essentiellement sur les déplacements et les esquives pour prendre une **position stratégique** à l'intérieur ou à l'extérieur de sa garde.
- Une fois à l'intérieur de la garde, nous allons uniquement nous **focaliser** sur un **désarmement** sans nous mettre en opposition.

- ❋ Nous allons appliquer le principe de souplesse en suivant ses réactions pour placer un dégagement et enchaîner sur un désarmement.
- ❋ Il est possible, bien entendu d'utiliser des frappes pour déstructurer l'adversaire et faciliter le désarmement. Attention car en distance courte, l'adversaire peut lui aussi utiliser le dulo en frappe ou crochetage.

*Sur ces exemples Mimar vs Mimar, nous pouvons visualiser la **vitesse**, la **puissance de frappe** et le **potentiel de destruction** de cette arme.*

TECHNIQUES DE DÉSARMEMENT À MAINS NUES

Désarmer contre une attaque au bâton est plutôt facile et sans danger alors que désarmer un poignard est une prise de risque importante. Contre un expert de la machette, un désarmement est complètement utopique. Contre une lame vivante, de toute façon, nous allons certainement saigner ; il faut donc surtout **éviter les blessures graves** et donc **protéger les organes vitaux.**

Un désarmement à mains nues est la **conséquence** d'une **bonne défense.** Nous allons utiliser plusieurs principes simples à travailler indépendamment du mouvement général, avec plusieurs options :
- En appuis sur l'arme.
- En levier sur le coude.
- En torsion sur le poignet.
- En percussion sur la main, sur le poignet ou sur le coude.

Attention :
- Désarmer/dégager l'arme dans la continuité de la défense.
- Dégager l'arme du côté faible de la main : Le pouce.
- Utiliser la force du corps en déplacement pour dégager la prise.
- Sur une arme de coupe, ne jamais attraper la lame.
- Toujours désarmer avant de tenter une autre technique (étranglement ou projection).
- Dans la pratique, éviter de redonner l'arme à votre partenaire. Récupérer l'arme et reposer la sur le sol.

Désarmement Solo Baston à **mains nues** avec un levier sur le poignet et le coude (en « Z »).

Dégagement et **désarmement** avec une frappe du genou pour casser la structure de Philippe.

Désarmement poignard **à mains nues** avec une clé de coude /clé de poignet en levier sur l'épaule. Avec force, cette technique entraîne une **fracture** de l'avant-bras avec arrachement **ligamentaire**.

TECHNIQUES DE DÉSÉQUILIBRE

En Arnis, les projections sont à proscrire absolument. C'est une prise de risque sans aucun intérêt. Par contre, les renversements, les balayages et les crochetages de jambes sont des mouvements très utiles à insérer après une défense. Ces 3 mouvements sont possibles à condition de profiter du timing de la technique, lorsque l'adversaire se crispe et ancre son poids sur sa jambe avant ou arrière.

Le **balayage** est un mouvement rapide derrière le talon de l'adversaire en déplacement qui va créer un déséquilibre momentané ; une fenêtre d'intervention qui permet de passer un contre.

Le **crochetage** intervient lorsque l'adversaire est en corps-à-corps. Contre des armes, le crochetage n'est possible que sur l'extérieur. Il est à réaliser avec une petite envergure pour garder l'adversaire sous contrôle en crochetant sa jambe d'appui et garder l'arme proche de soi pour limiter les angles.

Le **renversement** et le **barrage de jambe** permettent de déséquilibrer l'adversaire en effectuant un barrage avec notre propre jambe ou autour de nos genoux. Attention à ne **jamais suivre l'adversaire au sol**.

Il est possible de placer des **amenées au sol** de l'adversaire uniquement après avoir récupéré son arme ou en utilisant un levier tout en contrôlant l'arme, puis désarmer au sol, **sans jamais** aller **soi-même au sol**.

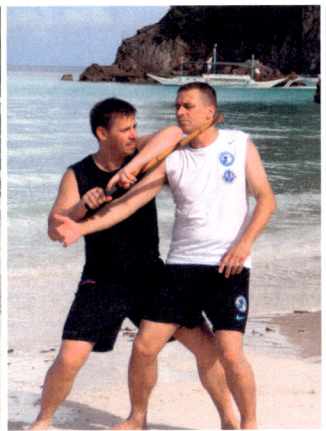

Enroulement du bras après une parade sur une attaque de Guro Philippe Galais. Dani récupère le bâton et passe sa **jambe en barrage**. Bâton en appui sur la gorge de Philippe avec un mouvement rotatif arrière.

En **déséquilibre**, l'adversaire **tourne autour du genou** de Dani qui se trouve en dessous du centre de gravité de Philippe. Ce mouvement est réalisé dans **un seul temps**, sans découper les phases.

TECHNIQUES D'ÉTRANGLEMENT

En Arnis, un **étranglement à mains nues** n'est concevable qu'à partir du moment où l'**adversaire a été désarmé** et que son **arme est hors de portée**. Nous avons 3 types d'étranglements :
- **Étranglements respiratoires** : Douloureux, effet rapide.
- **Étranglements sanguins** : Non-Douloureux, lent à agir, très dangereux.
- **Étranglements** avec **clé de cou** ou pression sur les cervicales : Extrêmement dangereux.

L'**étude** des différentes formes se fait tout d'abord en **statique** avec un **partenaire** avant de travailler sur l'application qui va conclure une phase de défense. Un étranglement peut avoir des conséquences mortelles et son enseignement n'est concevable que dans un environnement sécurisé avec du personnel formé pour intervenir avec les soins de premiers secours et des techniques de réanimation dans le cas d'un accident. En général la pratique de l'arnis se fait torse nu ou en vêtement léger, donc nous allons donner la priorité à des étranglements à mains nues sans utiliser le vêtement, ou bien récupérer l'arme de l'adversaire pour l'utiliser dans l'étranglement avec plusieurs options :
- Étranglement sanguin de côté.
- Étranglement sanguin en triangle.
- Étranglement respiratoire en triangle de face.
- Étranglement respiratoire en triangle arrière (de côté/ de dos)
- Étranglement respiratoire arrière avec la tête.
- Étranglement avec clé de cou.

Exemples d'étranglements en **utilisant le bâton de l'adversaire suite à un désarmement** (ci-contre).

Étranglement respiratoire arrière avec une technique très douloureuse puisque le bâton compresse aussi la trachée.

Étranglement sanguin latéral avec l'avant-bras. Le bâton est en pression sur les cervicales, en clé de cou. Très forte douleur dans une position de levier qui permet de contrôler. Attention, technique très dangereuse

Étranglement respiratoire et **sanguin** de face en écartant les coudes pression sur la carotide. Attention, le bâton compresse les cervicales. En ce débattant l'adversaire peut se provoquer lui-même une lésion.

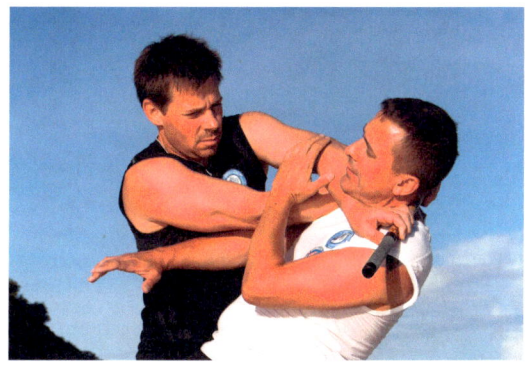

DÉFENSE AU COUTEAU VS SOLO BASTON

Ce n'est **pas une situation avantageuse pour le** *Solo Daga*/ couteau. Le risque est de perdre patience à force de recevoir des coups sans pouvoir riposter. La meilleure façon de procéder et d'appliquer les principes de défense à mains nues contre bâton et de beaucoup se déplacer en changeant les distances et le rythme du combat. Surtout ne pas reculer mais changer les axes. Plutôt privilégier une prise de couteau inversée et garder l'arme/la garde proche du corps.

À condition de **ne pas vouloir attaquer,** nous allons gérer de la **même façon qu'à mains nues** ou au *dulo*. Avec des déplacements et des changements de distance et de rythme. Nous allons placer une pression sur l'adversaire pour l'obliger à attaquer puis rentrer dans une distance favorable et désarmer en coupant la main, les doigts ou les tendons du poignet. Poignarder un muscle des jambes permet d'annihiler la mobilité de l'adversaire.

CONTRE PLUSIEURS ADVERSAIRES

Dans ce module nous explorons la **stratégie** à employer pour combattre contre plusieurs adversaires. C'est un travail qui permet d'évacuer la conception dualiste du combat. Nous allons retourner à l'essentiel ; c.a.d la survie.

Qu'est-ce que tu dis si la mort se présente à toi ?
Pas aujourd'hui !

La stratégie générale du combat contre plusieurs adversaires est de **les isoler** et de les combattre **l'un après l'autre**. Dans cette situation, il faut surtout éviter de rester sur la défensive mais prendre l'offensive avant que la distance (le filet) ne se referme. La gestion de l'espace est la principale priorité.

- Se déplacer constamment pour les prendre l'un après l'autre et non pas tous à la fois.
- Toujours garder les adversaires en ligne pour éviter des attaques simultanées. Ralentir le combat puis exploser.
- Simplifier les frappes et augmenter la puissance au maximum.
- Rester en mouvement en montant le niveau d'agressivité au-delà de l'imaginable.
- Attaquer l'adversaire le plus vulnérable en premier pour évacuer un point de support.
- Passer ensuite directement à l'adversaire qui semble le plus dangereux jusqu'à anéantissement.
- Attendre les attaques des adversaires suivants pour les prendre en contre-attaque. Confiance et bonne chance.

ÉTUDES DES ÉLÉMENTS DU DOBLETE RAPILON

Les « **Éléments du Doblete Rapilon** » sont les **formes techniques** les plus **simples** du système. Il est fondamental d'investir du temps et de la pratique pour maîtriser parfaitement ces mouvements avant d'aborder les formes plus sophistiquées. À travailler Solo Baston en premier.

- ❏ Horizontal
- ❏ Vertical
- ❏ Uppercut
- ❏ Uppercut de Revers *(Uppercut de la gauche vers la droite)*
- ❏ Demi-Uppercut
- ❏ Jab *(toutes les formes)*
- ❏ Paro-Paro *(le Papillon)*
- ❏ Crucifix - Cruzada *(la Croix)*
- ❏ Abaniko *(l'Eventail)*
- ❏ Demi-Abaniko
- ❏ Moon *(La Lune)*
- ❏ Demi-Lune
- ❏ Propeller *(L'Hélice)*
- ❏ Wheel (la Roue)
- ❏ Twirl *(le Tourbillon)*, ou Whirl *(Cercles rapides)*
- ❏ Lace *(Lacer ses chaussures)*

Il est important de visualiser ces formes avec une arme de coupe (*Bolo, Ginungting*) afin d'en comprendre les nuances. Certaines techniques comme « *lace* », sont plus adaptées aux armes de coupe.

Lorsque la forme est mémorisée, nous allons commencer à nous familiariser avec des applications de combat.

Exemple de travail sur *Uppercut* :
  a. *Uppercut de coup droit et de revers selon la garde*
  b. *Applications comme forme d'attaque ou de riposte*
  c. *Application comme forme de défense sur différents angles*

Premier Uppercut court pour bloquer une attaque et occuper l'espace.

Allongement de la trajectoire en doublant l'uppercut pour une attaque d'amplitude, très puissante au visage.

*C'est la **fin du cycle d'initiation** et le **début de l'apprentissage**. Chaque pratiquant se doit de finir son cycle d'initiation pour clôturer son projet et honorer son engagement*

PRÉPARATION C. NOIRE W.A.D.R

Un passage de grade est une opportunité de remise en cause et une occasion de célébrer les progrès pour le pratiquant, son professeur et ses partenaires. Voici les ateliers à préparer pour cette validation :

- ☐ Connaissances des arts martiaux philippins (FMA).
  - ◦ Histoire et Culture des arts martiaux philippins (orale)
  - ◦ Essai personnel - Thème libre (écrit)
- ☐ Démonstration technique avec un partenaire au choix du candidat :
  - ◦ Enchaînement (à deux) Arnis de salon / Arnis de Campo
  - ◦ Éléments du DR (seul)
  - ◦ Séries du DR (seul)
- ☐ Mise en application contre 2 attaques libres (12 angles) - Sans protection avec contrôle, contre un adversaire choisi par le jury.
  - ◦ Défenses libres Solo Baston vs Solo Baston
  - ◦ Défenses libres Doble Baston vs Doble Baston
  - ◦ Défenses libres sur attaque simple : Couteau vs Couteau
  - ◦ Défenses sur attaque simple : Arme Libre vs Bâton Long
  - ◦ Assaut libre Solo Baston vs Solo Baston
- ☐ Self-Défense contre adversaire (s) choisi par le jury.
  - ◦ Self-Défense avec un bâton simple vs couteau
  - ◦ Self-Défense à mains nues vs bâton puis couteau
  - ◦ Self-Défense contre 2 adversaires (bâton & couteau)
  - ◦ Self-défenses en situations de survie (au choix du jury)

ATELIER - CONNAISSANCE DES FMA

Critères d'excellence/ évaluation :
- ❏ Connaissance de l'Histoire des Arts Martiaux philippins.
- ❏ Connaissance du cadre culturel/social du pays d'origine.
- ❏ Compréhension de l'incidence de la culture sur la pratique.
- ❏ Intégration de son expérience personnelle dans le sujet.

La maîtrise d'un art de combat est incomplète sans une compréhension de la culture d'origine, de l'histoire, de l'évolution des arts martiaux en général et des systèmes de combat philippins en particulier. Cette dimension culturelle donne du relief et de la profondeur à la pratique. Elle permet d'avoir un œil critique sur sa propre pratique et l'évolution de l'art martial.

Après plusieurs années d'étude, et avec un minimum de curiosité, chaque pratiquant devrait avoir accumulé suffisamment d'informations pour être en mesure de concocter un essai qui peut prendre plusieurs formes ou combiner plusieurs aspects :

❋ Un thème technique et/ou stratégique : *Utilisation d'une truelle de maçon comme objet du quotidien pour se défendre.*
❋ Un thème historique et/ou culturel : *Influence des croyances magiques dans la relation à la mort dans le combat au XIXe siècle.*
❋ Un thème autobiographique : *L'influence de la pratique de L'arnis dans mon quotidien ou dans mon métier...*

ATELIER - DÉMONSTRATIONS TECHNIQUES

Si la plupart des arts martiaux asiatiques sont fortement enracinés dans la pratique de formes préétablies (*Dao Lu, Kata, Poomse),* les systèmes de combat philippins traditionnels n'ont jamais évolué dans cette direction. L'arnis est fondé sur le principe du flot et de l'agilité martiale, ce qui le rend totalement incompatible avec un apprentissage statique et formalisé. L'arnis est bâti sur des principes et non pas sur des techniques, donc investir du temps dans la mémorisation d'enchaînements préétablis serait contre-productif.

Dans le système ADR, nous refusons la mise en place de l'équivalent d'un « kata » et il n'existe aucun terme traditionnel pour décrire cette pratique aux Philippines… Aucun, car **cette pratique n'existe pas dans la tradition, ni au quotidien.**

Pour cet **atelier de démonstration**, chaque candidat doit préparer ses propres enchaînements, notamment dans la partie de travail à deux (Arnis de Campo et/ou De Salon). Le candidat peut se présenter avec son partenaire. Ce travail technique doit **démontrer le niveau du pratiquant dans toutes les composantes :**

- Mise en application des concepts et principes de combat.
- Maîtrise technique et variété.
- Démonstration du flot, vitesse d'exécution et puissance.
- Contrôle et sécurité des pratiquants.

Pour la partie en solo il est primordial de laisser une part à l'improvisation pour exprimer l'esprit de créativité dans le combat et éviter absolument de « réciter » un enchaînement.

ATELIER - MISE EN APPLICATION

C'est une opportunité fantastique de se mettre à l'épreuve et de valider notre maîtrise des bases de l'Arnis. Avec la richesse du curriculum présenté dans ce manuel, nous avons largement les compétences pour gérer cette mise en application.

Il s'agit avant tout d'un travail de **défense** et **riposte** sur **attaques simples** où le candidat doit appliquer avec succès la technique de défense qui correspond le mieux à la distance et à l'angle d'attaque. Cette défense est libre à condition de maîtriser la technique et de ne pas se mettre en danger. Le contrôle est un élément fondamental de la maîtrise de la technique à vitesse réelle de combat.

Les attaques se font à vitesse réelle **contre un adversaire choisi par le jury** pour respecter la véracité d'une situation de combat. Les premières attaques ne sont pas annoncées, au choix de l'attaquant et sans faire d'appel afin que l'arnisador se retrouve dans le mouvement et le flot d'un combat. Il s'agit d'attaques simples et franches.

Les critères de succès :
- Efficacité et vitesse d'exécution.
- Adéquation de la défense vs l'attaque.
- Variété des techniques.
- Respect des principes et concepts de combat.
- Maîtrise de la technique et contrôle.
- Esprit guerrier et empreinte énergétique.

ATELIER - DÉFENSE PERSONNELLE

Cet atelier peut être présenté **soit dans le cadre légal** de la défense personnelle de votre pays, soit dans le **cadre de la pratique martiale**. Le candidat choisit et déclare son cadre de pratique au jury.

L'attaque est libre, sans préparation, à vitesse et distance réelle **contre un adversaire choisit par le jury** pour respecter la véracité d'une situation de combat. L'attaque reste dans le cadre de la défense personnelle, donc une attaque ou une série d'attaques qui correspondent à la réalité de la rue. Il ne s'agit pas d'une situation de duel face à un expert. Voici les ateliers à préparer :

- Self-Défense avec un bâton simple
- Self-Défense à mains nues
- Self-Défense contre plusieurs adversaires
- Self-Défense en situations de survie

Le jury peut éventuellement demander de compléter l'atelier avec des situations ou des attaques spécifiques pour permettre au candidat d'exprimer tout son potentiel et son savoir-faire.

Les critères de succès :
- Simplicité dans l'efficacité - Réalisme et vitesse d'exécution.
- Prise de risque minimum
- Adaptation au contexte et à la situation de combat.
- Contrôle de la dangerosité des techniques.
- Respect de l'intégrité de l'agresseur vs niveau de danger.
- Respect du cadre légal (si c'est l'option choisie par le candidat).

Je vous souhaite un bon voyage sur le chemin des Arts Martiaux philippins, en espérant vous rencontrer dans nos stages et nos sessions de pratique.

GM Dani FAYNOT

EN GUISE DE CONCLUSION

Ce Cahier Technique a pour objectif, d'une part de protéger l'héritage de notre système Arnis Doblete Rapilon, mais aussi de donner un maximum de clés pour en faciliter l'apprentissage et l'enseignement. Les techniques présentées ne sont que des exemples d'applications possibles. Le but n'est absolument pas de mettre en place un « programme » rigide, ni un répertoire de techniques à connaître ou à reproduire.

Ce curriculum est basé sur les ambitions de la WADR. Les programmes de passage de grade d'autres systèmes ou fédérations peuvent présenter des différences. À chaque Arnisador et à chaque professeur de choisir les applications et les techniques les plus adaptées à chaque combattant tout en gardant un respect absolu des concepts de combat et des principes compatibles. J'espère que ce que ce cahier puisse être utile à des pratiquants d'autres systèmes de FMA car de nombreux principes et concepts puisent dans le savoir-faire commun des arts martiaux Philippins traditionnels. Les pratiquants d'autres disciplines peuvent aussi y trouver des approches complémentaires.

Cette progression a été développée en même temps qu'un support vidéo qui permet de visualiser des compétences qui correspondent à chaque étape d'une évolution depuis la première séance jusqu'à la préparation de la ceinture noire.

REMERCIEMENTS

Un grand merci à mes partenaires de démonstration, les instructeurs de la WADR pour votre collaboration technique et les *"professeurs de littérature"* de notre groupe pour vos relectures, suggestions, corrections et enrichissement du contenu et de la forme. Merci pour les magnifiques photos de *Lionel Froidure, Mark Cox et Philippe Galais.*

Master Lionel Froidure
CN 6 Degré Arnis Doblete Rapilon WADR
CN 6 Dan Karate FFK
Master Instructeur - 3 Degré WADR
Directeur Technique WADR - Formation Instructeur
ENERGY WAVE SOGO BUDO Senior Instructor
Photographie : lionelfroidure.com & imaginarts.tv

Mark Cox
Expert en Close-Combat & Private Security
First Battalion Welsh Guards (Northern Ireland, Croatia, Falklands, Buckingham Palace)
Special Body Guard Trainer at I.B.A Croydon London
Photographie : markcox.photography.com

Master Gregoire Gres
CN 6 Degré Arnis Doblete Rapilon WADR
CN 5 Dan FFK
CN 5 Dan Nihon Tai-Jitsu FMNITAI
Master Instructeur WADR - 3 Degré
Responsable Technique WADR - Zone Europe
ENERGY WAVE SOGO BUDO Senior Instructor

Master Jean-David Zitoun
CN 6 Degré Arnis Doblete Rapilon WADR
CN 4 Dan Nihon Tai-Jitsu FMNITAI
CN 3 Dan FFK
Master Instructeur WADR - 3 Degré
Responsable Technique WADR - Canada & USA
ENERGY WAVE SOGO BUDO Senior Instructor

Master Francois Guerrieri
CN 6 Degré Arnis Doblete Rapilon WADR
CN 5 Dan FFK
CN 5 Dan Nihon Tai-Jitsu FMNITAI
Master Instructeur WADR - 3 Degré
Responsable Technique WADR - France Nord
ENERGY WAVE SOGO BUDO Senior Instructor

Guro Philippe Galais
CN 3 Degré Arnis Doblete Rapilon WADR
Instructeur WADR - 2 Degré
CN 7 Dan FFK - Expert Federal Nihon Tai-Jitsu
CN 8 Dan Nihon Tai-Jitsu & Nihon Ju-Jitsu - FMNITAI
CN 8 Dan Kyoshi Nihon Ju-Jitsu - Nippon Seibukan
CN 5 Dan Aikido Gyokushin Ryū
philippegalais.com

Éric Faynot
Auteur & Conseil en écriture

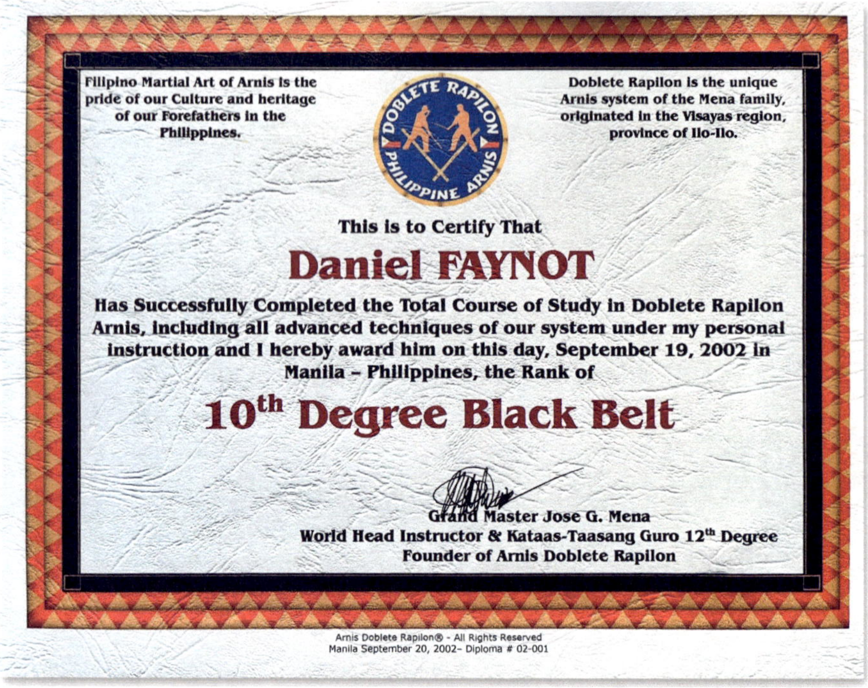

Filipino Martial Art of Arnis is the pride of our Culture and heritage of our Forefathers in the Philippines.

Doblete Rapilon is the unique Arnis system of the Mena family, originated in the Visayas region, province of Ilo-Ilo.

This is to Certify That

Daniel FAYNOT

Has Successfully Completed the Total Course of Study in Doblete Rapilon Arnis, including all advanced techniques of our system under my personal instruction and I hereby award him on this day, September 19, 2002 in Manila – Philippines, the Rank of

10th Degree Black Belt

Grand Master Jose G. Mena
World Head Instructor & Kataas-Taasang Guro 12th Degree
Founder of Arnis Doblete Rapilon

Arnis Doblete Rapilon® - All Rights Reserved
Manila September 20, 2002 – Diploma # 02-001

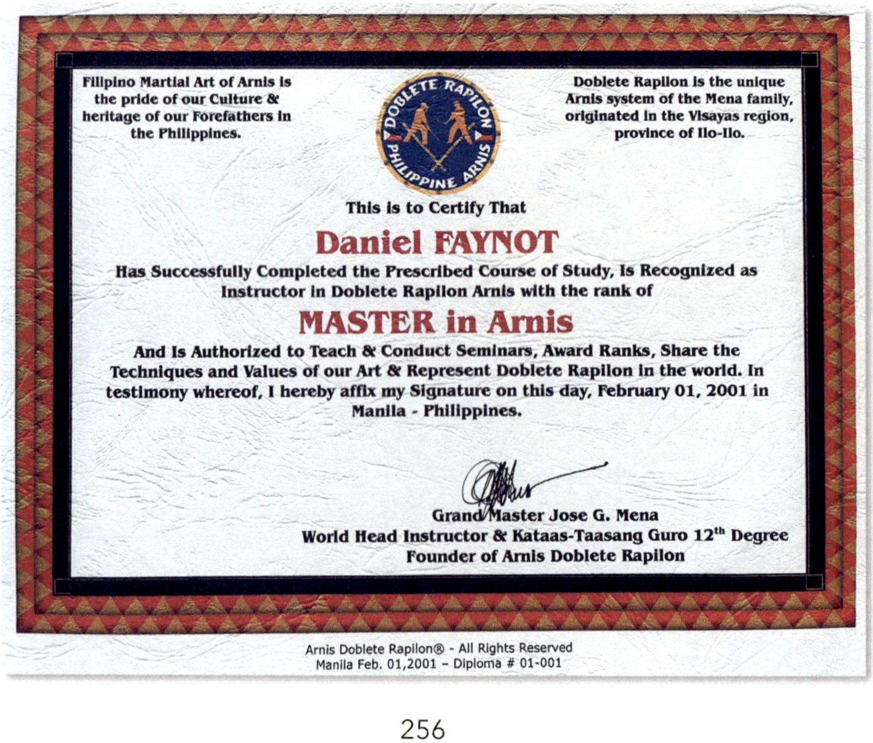

Filipino Martial Art of Arnis is the pride of our Culture & heritage of our Forefathers in the Philippines.

Doblete Rapilon is the unique Arnis system of the Mena family, originated in the Visayas region, province of Ilo-Ilo.

This is to Certify That

Daniel FAYNOT

Has Successfully Completed the Prescribed Course of Study, Is Recognized as Instructor in Doblete Rapilon Arnis with the rank of

MASTER in Arnis

And Is Authorized to Teach & Conduct Seminars, Award Ranks, Share the Techniques and Values of our Art & Represent Doblete Rapilon in the world. In testimony whereof, I hereby affix my Signature on this day, February 01, 2001 in Manila - Philippines.

Grand Master Jose G. Mena
World Head Instructor & Kataas-Taasang Guro 12th Degree
Founder of Arnis Doblete Rapilon

Arnis Doblete Rapilon® - All Rights Reserved
Manila Feb. 01, 2001 – Diploma # 01-001

1st ANNUAL BAYANIHAN

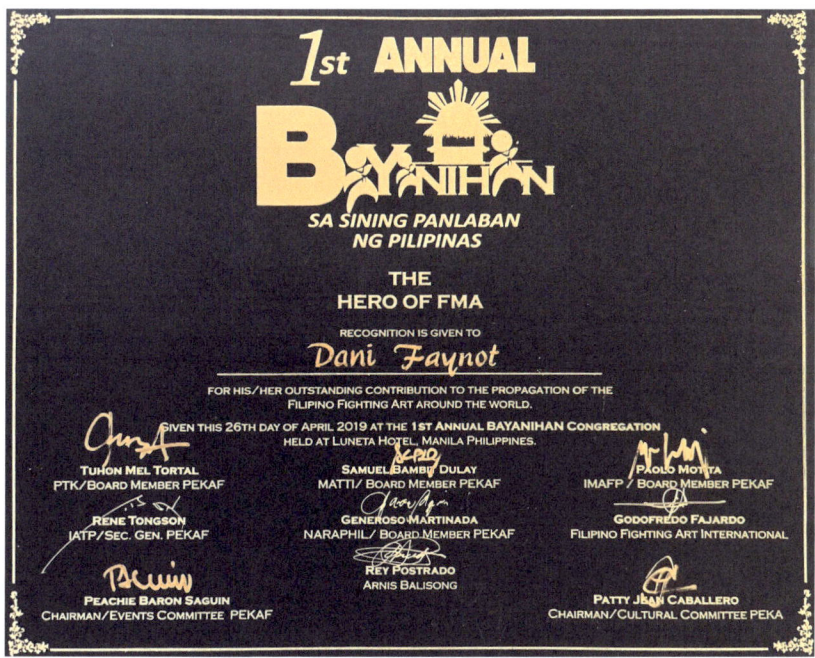

SA SINING PANLABAN NG PILIPINAS

THE HERO OF FMA

RECOGNITION IS GIVEN TO

Dani Faynot

FOR HIS/HER OUTSTANDING CONTRIBUTION TO THE PROPAGATION OF THE FILIPINO FIGHTING ART AROUND THE WORLD.

GIVEN THIS 26TH DAY OF APRIL 2019 AT THE 1ST ANNUAL BAYANIHAN CONGREGATION HELD AT LUNETA HOTEL, MANILA PHILIPPINES.

TUHON MEL TORTAL
PTK/BOARD MEMBER PEKAF

SAMUEL BAMBI DULAY
MATTI/BOARD MEMBER PEKAF

PAOLO MOTITA
IMAFP/BOARD MEMBER PEKAF

RENE TONGSON
IATP/SEC. GEN. PEKAF

GENEROSO MARTINADA
NARAPHIL/BOARD MEMBER PEKAF

GODOFREDO FAJARDO
FILIPINO FIGHTING ART INTERNATIONAL

REY POSTRADO
ARNIS BALISONG

PEACHIE BARON SAGUIN
CHAIRMAN/EVENTS COMMITTEE PEKAF

PATTY JEAN CABALLERO
CHAIRMAN/CULTURAL COMMITTEE PEKAF

**COMMISSION SPÉCIALISÉE DES DANS ET GRADES ÉQUIVALENTS
DE LA FÉDÉRATION FRANÇAISE DE KARATÉ ET DISCIPLINES ASSOCIÉES**
CERTIFICAT DE VALIDATION OFFICIELLE DE DANS ET GRADES

DIPLOME DE CEINTURE NOIRE

Délivré à

M. FAYNOT DANIEL

7 EME DAN

Homologué, le 11/01/2019

Le Président
Francis DIDIER

ART. L.212.5. Code du sport :
•Dans les disciplines associées relevant des arts martiaux, nul ne peut se prévaloir d'un Dan ou d'un grade équivalent sanctionnant les qualités sportives et les connaissances techniques et, le cas échéant, les performances en compétition s'il n'a pas été délivré par la CSDGE de la fédération délégataire ou, à défaut, de la fédération agréée consacrée exclusivement aux arts martiaux.

F.M.NI.TAI

FEDERATION MONDIALE
DE NIHON.TAI.JITSU - NIHON.JU.JUTSU - TAIJITSU
ET DISCIPLINES ASSOCIEES

DIPLOME D'EXPERT
DELIVRE PAR LE COLLEGE TECHNIQUE ET PEDAGOGIQUE

RENSHI   NIHON JU-JUTSU

DECERNE A : DANIEL FAYNOT

UN ART MARTIAL DU PASSE POUR UN MEILLEUR FUTUR

DIPLOME N° 4.20   DELIVRE LE 2020

L'EXPERT F.M.NI.TAI   LE PRESIDENT DES COLLEGES
Georges HERNAEZ _ SHIHAN   Roland HERNAEZ _ HANSHI

Coaching en ligne avec G.Master Dani FAYNOT

www.energywave.space

IMAGIN' ARTS PROD
Présente
Great Grand Master
José Mena
Master
Dani Faynot
DOBLETE RAPILON
ARNIS KALI ESKRIMA
DVD FILMÉ AUX PHILIPPINES

IMAGIN' ARTS
présente
Programme de Progression
ARNIS DOBLETE RAPILON
DE LA BLANCHE À LA NOIRE
GM DANI FAYNOT - 10e degré Arnis Doblete Rapilon

DVD & MP4 de GM DANI

À consulter sur le site :

www.imaginarts.tv

DANS LA MÊME SÉRIE

Disponible sur Amazon

- *Arnis Kali Eskrima - Guide de Progression Vol 1*
- *Guerriers Magiciens Vol 1 - Origines, Histoire et Culture des Arts de Combat aux Philippines*

À paraître

- *Arnis Kali Eskrima - Cahier Techniques Vol 2 - Attaques et défenses sur 12 angles à la Canne de combat et Bâton long*
- *Arnis Kali Eskrima - Cahier Techniques Vol 3 - Progression à partir de la Ceinture Noire*
- *Guerriers Magiciens Vol 2 - Pratiques Ésotériques dans les Arts Martiaux*
- *Guerriers Magiciens Vol 3 - Manuel Pratique des Arts Martiaux Ésotériques*

ARNIS KALI ESKRIMA

WARRIORS & MAGICIANS

Origins, History and Combat Culture Of The Philippines

DANI FAYNOT

Site officiel de la World Arnis Doblete Rapilon

www.dobleterapilon.com

Printed in France by Amazon
Brétigny-sur-Orge, FR